CROWDFUNDING
TECHNIQUE TO BE
RECOMMENDED.
milktub
milktub

推される技術

累計3億円集めた男のクラウドファンディング冒険記

milktubボーカル
ゲームプロデューサー
bamboo

集英社

はじめに

この本を手に取って、もしくはご購入頂きました皆様、初めましてこんにちは。bambooと申します。

この本は美少女ゲームメーカーOVERDRIVE代表であり、ロックユニットmilktubのボーカルをやっております自分が、巷にあります「クラウドファンディング」という仕組みを使いに使って使い倒した体験を綴った冒険記です。その過程で国内大手のクラウドファンディングプラットフォーム「CAMPFIRE」の顧問になり、キュレーターとして様々なプロジェクトの資金調達に協力し、そして2018年にはうっかりクラウドファンディング資金調達額で日本一になったりもしました。

高校時代の偏差値は42で、Fラン大学法学部を5年かけて卒業した自分ですが、知識ゼロからクラウドファンディングを学び、これまでに自身が立ち上げたプロジェクトでは約3億円、キュレーター案件を含めると6億円以上の資金を集めてきました。

本書はそこで得た知見、特に現代のビジネスシーンで必要不可欠になりつつある「推される技術」について自分なりの考えをまとめた一冊です。

特にサクセスに必要な6要素として「予算組み」「ムード」「ドラマ」「メリット」「ロマン」「客観視」をあげましたが、これらはきっとクラウドファンディング以外のシーンでも、重要視されるものだと思っています。

職業柄、「ゲーム」「音楽」「映像」などの主にエンターテインメント系の案件を多く手掛けてきましたが、そういった生き方を職業として選んだ人達が自分たちの夢を実現させる上で、本書が少しでも役に立ったら嬉しく思っています。

涙と笑いと血尿のクラウドファンディング一代記、トイレに置いて頂いたり、寝る前の睡眠導入剤としてお楽しみください。

THE RESULT OF CROWDFUNDING

株式会社キッチンガイズファクトリー（OVERDRIVE）および 株式会社STUDIO696のクラウドファンディング実績

プラットフォーム	目標金額	達成金額	達成率	状況	備考
CAMPFIRE	¥3,600,000	¥9,860,696	274%	SUCCESS	
OVERDRIVE（自社ホームページ）	¥15,000,000	¥26,815,900	179%	SUCCESS	
UNEEDZONE.jp	¥3,500,000	¥8,293,696	236%	SUCCESS	
UNEEDZONE.jp	¥1,400,000	¥1,829,264	130%	SUCCESS	
indiegogo	$50,000	$83,472	167%	SUCCESS	日本円での達成金額は¥9,181,920（$1=¥110で計算）
UNEEDZONE.jp	¥3,700,000	¥1,833,040	49%	UNSUCCESS	
CAMPFIRE	¥3,600,000	¥4,350,696	120%	SUCCESS	
UNEEDZONE.jp	¥1,900,000	¥3,644,000	191%	SUCCESS	
CAMPFIRE	¥1,000,000	¥1,833,000	183%	SUCCESS	
indiegogo	$20,000	$9,966	50%	ALL IN	日本円での達成金額は¥1,096,260（$1=¥110で計算）
CAMPFIRE	¥12,000,000	¥18,804,696	156%	SUCCESS	
CAMPFIRE	¥2,690,000	¥4,147,536	154%	SUCCESS	
CAMPFIRE	¥200,000	¥2,090,996	1045%	SUCCESS	
CAMPFIRE	¥39,696,000	¥132,302,525	333%	SUCCESS	
CAMPFIRE	¥5,500,000	¥11,607,871	211%	SUCCESS	
CAMPFIRE	¥39,696,960	¥40,743,597	103%	SUCCESS	
調達金額合計（A）		¥276,602,653			

bambooキュレーター担当のクラウドファンディング実績

プラットフォーム	目標金額	達成金額	達成率	状況	備考
CAMPFIRE	¥3,750,000	¥9,403,669	250%	SUCCESS	
UNEEDZONE.jp	¥7,200,000	¥30,843,569	428%	SUCCESS	
UNEEDZONE.jp	¥3,500,000	¥6,195,940	177%	SUCCESS	
CAMPFIRE	¥1,000,000	¥2,735,900	273%	SUCCESS	
UNEEDZONE.jp	¥2,000,000	¥1,252,000	62%	ALL IN	
CAMPFIRE	¥13,500,000	¥27,066,080	200%	SUCCESS	
CAMPFIRE	¥10,000,000	¥25,097,750	250%	SUCCESS	
Tokyo Mirai Mode	$25,000	$32,297	129%	SUCCESS	日本円での達成金額は¥3,552,670（$1=110円で計算）
CAMPFIRE	¥3,500,000	¥5,426,084	155%	SUCCESS	

⬇

	プロジェクト名	期間
1	「KICK START GENERATION」公演映像化計画	2013.5.1 ～ 2013.7.2
2	「グリーングリーン」リメイク化計画	2013.6.25 ～ 2013.7.31
3	「Prico with DEARDROPS」1st ALBUM 製作プロジェクト	2014.3.1 ～ 2014.4.30
4	milktub海外公演支援計画	2014.6.23 ～ 2014.7.25
5	SAMURAI ARMOR HOODIES	2016.4.24 ～ 2016.5.25
6	オバイブ靴店リターンズ	2016.6.9 ～ 2016.7.9
7	milktub結成25周年記念ライブDVD「M25-TOKYO」製作プロジェクト	2016.9.9 ～ 2016.10.8
8	佐藤ひろ美×milktub「顔伝説～We are the Face～」制作プロジェクト	2016.10.29 ～ 2016.11.30
9-A	忍者になれる『忍者ージ』制作プロジェクト -NINJACKET PROJECT-	2016.12.8 ～ 2017.1.31
9-B	NINJACKET	2016.12.8 ～ 2017.1.31
10	OVERDRIVE 10th FES ～LAST DANCE～ フリーライブ計画	2016.12.23 ～ 2017.1.29
11	OVERDRIVE10周年記念3タイトルiOS&Android化プロジェクト	2017.4.1 ～ 2017.5.30
12	TVアニメ「有頂天家族2」のTシャツをスタッフ&ファンの皆様に着て欲しい大作戦	2017.7.21 ～ 2017.8.24
13	OVERDRIVE最終作「MUSICA!」開発プロジェクト	2018.7.30 ～ 2018.10.17
13	花鳥風月1stAlbum復刻プロジェクト	2020.5.11 ～ 2020.6.26
14	「MUSICUS!」PS4&Nintendo Switch移植プロジェクト	2021.4.26 ～ 2021.6.24

	プロジェクト名	期間
1	ニューロティカ結成30周年記念ドキュメンタリー映画『あっちゃん』制作計画	2014.4.2 ～ 2014.6.20
2	鷲崎健4thアルバム&1stワンマンライブ実現プロジェクト	2015.2.1 ～ 2015.4.12
3	美少女ゲームミュージックライブ2017大阪 開催支援プロジェクト	2016.5.15 ～ 2016.7.16
4	新宿アルタ前でフリーライブをやるぞプロジェクト!「アルタdeニューロティカ」	2016.8.4 ～ 2016.9.5
5	細井聡司25周年ライブイベント開催支援プロジェクト	2016.8.14 ～ 2016.9.17
6	クラムボン×岩井俊二「日比谷野外音楽堂ライブ」映像化大作戦	2017.4.13 ～ 2017.5.31
7-A	【緒方恵美、声優デビュー25周年記念企画】国内&海外、同時に正規CDを届けたい	2017.5.12 ～ 2017.7.10
7-B	"Animeg. 25th" Megumi Ogata 25th Seiyuu Debut Anniversary Project	2017.5.12 ～ 2017.7.10
8	声優&歌手による「テウチライブ」10周年記念アルバム&ライブ制作プロジェクト	2017.5.19 ～ 2017.7.25

⬇

THE RESULT OF CROWDFUNDING

プラットフォーム	目標金額	達成金額	達成率	状況	備考
CAMPFIRE	¥30,000,000	¥78,047,044	260%	SUCCESS	
CAMPFIRE	¥2,500,000	¥3,031,740	121%	SUCCESS	
CAMPFIRE	¥600,000	¥1,737,670	289%	SUCCESS	
CAMPFIRE	¥2,500,000	¥8,022,600	320%	SUCCESS	
CAMPFIRE	¥2,500,000	¥3,939,696	158%	SUCCESS	
CAMPFIRE	¥800,000	¥1,357,873	170%	SUCCESS	
CAMPFIRE	¥3,000,000	¥4,150,260	138%	SUCCESS	
CAMPFIRE	¥111,111	¥1,764,910	1588%	SUCCESS	
CAMPFIRE	¥1,000,000	¥1,573,502	157%	SUCCESS	
CAMPFIRE	¥500,000	¥333,000	66%	ALL IN	
CAMPFIRE	¥10,000,000	¥34,701,700	347%	SUCCESS	
CAMPFIRE	¥3,600,000	¥2,340,000	65%	ALL IN	
CAMPFIRE	¥9,000,000	¥6,047,592	67%	ALL IN	
CAMPFIRE	¥1,000,000	¥22,839,276	2283%	SUCCESS	
CAMPFIRE	¥30,000,000	¥50,934,496	169%	SUCCESS	
CAMPFIRE	¥700,000	¥3,007,000	429%	SUCCESS	
CAMPFIRE	¥7,000,000	¥6,336,268	90%	ALL IN	
CAMPFIRE	¥450,000	¥1,044,000	231%	SUCCESS	※UNSUCCESSのプロジェクトで集まった金額は調達金額に含めていません。
CAMPFIRE	¥2,000,000	¥212,500	10%	ALL IN	
調達金額合計(B)		¥342,994,789			

調達金額合計(A)＋(B)	¥619,597,442

※最終更新日：2021年6月25日12:00

⬇

	プロジェクト名	期間	
9	【リトルバスターズ!10周年ミッション】「クドわふたー」劇場アニメ化プロジェクト	2017.7.19 ～ 2017.9.28	
10	「ニューロティカ八王子ポカポカフェスタを大成功計画」	2017.10.1 ～ 2017.11.19	
11	奈良子釣りセンター支援プロジェクト	2017.10.20 ～ 2017.12.09	
12	りりくるRS続編ドラマCD ～Pure Dessert～ 制作プロジェクト第1弾	2017.11.1 ～ 2017.12.15	
13	木村世治New Albumプロジェクト	2017.11.30 ～ 2018.1.30	
14	山本紗江、上京後初CD・MVのクオリティを大幅にアップして最高のものを作りたい	2017.11.30 ～ 2018.1.30	
15	三陸復興への思いがつながり生まれた「三陸コネクトフェスティバル」	2017.12.23 ～ 2018.1.25	
16	ユニークな形の足型アイストレー「足氷」 CAMPFIRE先行発売!	2018.1.26 ～ 2018.3.25	
17	関口 誠人(ex.C-C-B)新作ミニアルバム制作プロジェクト	2018.5.9 ～ 2018.6.28	
18	立川こしらがニュージーランドで落語会を開催したい!	2018.9.28 ～ 2018.10.30	
19	「センチメンタルグラフティ20周年スペシャルイベント～再会～」 開催プロジェクト	2018.10.11 ～ 2018.11.11	
20	品川不動前の高級町中華「好好(ハオハオ)」のパワーアップ大作戦。	2019.2.12 ～ 2019.2.27	
21	ギターウルフ presents 『シマネジェットフェス2019』開催プロジェクト	2019.6.17 ～ 2019.8.16	
22	ALcot17周年! キャラクターソングアルバム『Voices』制作企画	2019.11.08 ～ 2019.11.29	
23	D.C.～ダ・カーポ～ Super Live Ⅱ 開催プロジェクト	2019.10.05 ～ 2019.11.30	
24	代々木のオタク居酒屋秘密基地ROBO太の生き残り大作戦!	2020.5.16 ～ 2020.6.29	
25	朗読ユニット「カナタ」の活動を続けていきたい!	2020.7.10 ～ 2020.8.30	
26	コロナショックをブッ飛ばせ!!世界最小の自走式ロンドンパブをOPENしたい!!!	2020.8.31 ～ 2020.10.26	
27	警察犬候補生ゼウス育成プロジェクト	2020.11.30 ～ 2020.12.30	

目次 CONTENTS

第5章 推される技術 ～クラウドファンディング、その極意～ 173

第1章

美少ゲー会社社長、お金に大いに悩む

〜クラウドファンディングとの出会い〜

CROWDFUNDING

TECHNIQUE TO BE RECOMMENDED

違法ダウンロードで約1億円の損害

２０１３年の２月。美少女ゲームメーカーである弊社ＯＶＥＲＤＲＩＶＥは、５作目の新作ＰＣゲーム『僕が天使になった理由《わけ》』（以下、僕天）というタイトルのリリースを予定していた。この作品は当時、所属していた原画家の藤丸の企画主導で内容には自信があった。東日本大震災から２年経過をしていた時期でプロモーションはあまり派手にできなかったが、それなりの予算を投じていた。

だが。

発売日前夜にスタッフから悲痛な連絡がきた。

「社長、僕天が違法ダウンロードされてますっ！」

「は、発売前日だぞ⁉　マジかよっ‼」

ゲームというデータで飯を食っているわれわれの天敵である違法ダウンロード。

しかも発売前。どこで漏れたかは知らんが、しっかりクソダウンロードサイトにデータが置いてあり、ご丁寧にカウンターまで回っている。

一般的に美少ゲーの市販価格は８８００円（当時）で、だいたいメーカーから流通に流すときの卸率ってのが50～70％の間ぐらい（当然の事ながらメーカーの人気度などで卸率は変わる）。

ダウンロードの数字を示すカウンターは非情にも2万近く回っていた。

ここで美少ゲーメーカーの資金調達について軽く触れると、自分たちを含めたメーカーはその取り扱いの商品のアダルトという性質上、多くは流通から資金を借りて制作することが多い。もちろん銀行から借り入れをして開発しているメーカーもあるにはあるが、長い商習慣もあり、ほとんどの美少ゲーは流通からの借り入れで作られていた。

われわれも当時、『僕天』の開発のために５０００万円ほどの借り入れを流通からしていた。

弊社は特に音楽に力を入れるのでほかのメーカーよりも開発費の割合がそこそこデカいのだ（普通のゲームはボーカル曲が2、3曲だが、弊社では平気で10曲とかつける。バカだから)。

ヒットしたかどうかは、開発のコストに対して、売り上げがどれぐらい上がったかで決まるので一概には断定できないが、業界的には当時は2万本売れればヒット、ぐらいの認識だったと思う(2021年現在では1万本売れたらヒットだと。悲しいねえ)。


話を戻して、クソ違法ダウンロードサイトで2万本近くダウンロードされてるってことは、定価8800円の卸率が50%と考えると4400円。それが2万本と仮定すると……ザックリ1億円近い損害となるわけだ。

長い開発期間を経てようやく完成したものが、どこの馬の骨ともわからんやつに盗まれている状態に最初は怒り狂ったものの、徐々に冷静さを取り戻すと、

「これ、商売になってねえなぁ……」

と、なんだか怒りよりも悲しさの感情のほうが上に来てしまった。

ゲーム開発は過酷だ。特に美少ゲーは法人とはいえ少人数で開発しているのでイン

ディーズの体制に近い。弊社では開発を10ヵ月～1年かけることが多かったので、安い月給で頭を抱えながら徹夜でゲームを仕上げたスタッフの事が頭に浮かんだ。

デジタルデータというのは発売以降、急速にその価値を下げ続け、限りなくゼロに収束していく。品質そのものがコピー可能、という製品の宿命みたいなものだ。

このご時世、音楽にしてもゲームにしても映画などの映像にしてもデジタルデータで世に出した瞬間、価値がゼロに向かって爆走していく感じがする。そりゃスマホの課金ゲームが流行るし儲かるわけだよな……。

それでも熱心なファンの方々が買い支えてくれたので、借りた5000万円のうち、3000万円は回収することができた。

自分で書くのも悲しいが、われわれOVERDRIVEは業界的に大人気なメーカーではなく（涙を拭きながら）、いわゆる「ニッチ」な市場で戦っている。刺さったお客さんに向けて、長く愛される作品を送り続けてきた珍味みたいなメーカーであるゆえ、プロモーションはファンの口コミに頼っている部分が多かった。

現在も違法ダウンロードにはどこのメーカーも頭を抱えているが、実際、熱いファンに支えられている弊社のゲームでも、発売後にリリースする、不具合などを修正したパッチデータのダウンロード数がなぜか販売実績の数倍ある、なんてことがザラにあったりするのだ。

もちろん、ゲームが売れないのを違法ダウンロードだけのせいにするつもりはまったくない。プロモーション不足だったり、作家が狙ったところをプロデューサーの自分がキチンと客に対して届けることができなかったりと様々な理由があるとは思う。作品は売れたらクリエーターのおかげ。売れなかったらプロデューサーのせいなのだ。ただ、当時の自分は中小企業のタコ社長としてスタッフを労いつつも「こら借金返せねえな……」「違法ダウンロードしたやつ、全員死ねばいいのに」と悲観的な気持ちしかなかった。

借りた金は〝詰める〟のがこの世のことわりではあるが、無い袖は振れないのも世のことわりである。それでも貸した側からすれば、返してもらわないと話にならない。それがどんな長い付き合いの相手でもだ。この時点で借金残高は2000万円。中小企業の弊社にとっては大金だ。いったいどうしたものかと頭を悩ませるも、打開策は見当たらなかった。2006年に旗揚げしたので「7年で倒産か……」との思いも頭をよぎりつつ、重い足取りで流通に話し合いに向かった。

弊社はそれまでの借り入れもキチンと事業計画書どおりに返済していたし、当時、好調だったアパレル部門の売り上げ（バンドの物販の延長線上で始めたのだが、なぜか年間ウン千万円もあった）も流通からの借り入れを起こす際に担保にしていた。もちろん、今回の借り入れの返済プランもちゃんと考えていたのだが……。

当時付き合っていた流通がよそに会社の売却をするため、不良債権や焦げつき案件を早急に処理したかったのだろうねぇ。もらった返答は要するに「とっとと借金詰めて」だった。交渉もむなしく、いよいよ倒産へのカウントダウンの鐘が頭に鳴り響いた。

「スタッフにどう倒産って言おうかな……」と帰りの喫茶店でプリンを食いながらぼーっと考えた。全然甘くなかった。世の中と一緒だなと思った。

神はいた

その後は、同業他社の社長たちにも相談をしまくった。半ば諦めていたときに、とあるメーカーの社長殿が「ｂａｍｂｏｏさんはこの業界にまだいなきゃダメだよ！」と言ってくれて、お金を貸してくれた。神はいたのだ。今でもメチャクチャ感謝しているし、そのメーカーがもしクラウドファンディングが必要になったら自分は全力で今持っているノウハウでキュレーションをして恩を少しでも返すつもりだ。

おかげで当面の資金繰りはなんとかなったものの、自分の中で借り入れに対する哲学のようなものが生まれた。

「流通から金を借りるのは絶対にイヤだ」

「自分たちの責任下においてて好きにモノづくりするなら、借金という形ではない資金調達を自分たちでしないとダメだ」

これまでは流通から資金調達をすることになんの疑問も持たずにいたが、要は借金だ。借金でゲームを作るというのは、ものすごくリスクの高いことなのだということがあらためてわかった。とはいえ、２０００年に業界入りして以降、銀行ｏｒ流通の２択しか選択肢がなかったことも紛れのない事実だった。

開発室で漠然と「５億円ぐらい突然、降ってこねえかな……。駐車場でも経営して地道に不労所得で暮らすのに……」とロックンローラーらしからぬ妄想にふけりつつニュースサイトを見ていたところ、「Ｋｉｃｋｓｔａｒｔｅｒ」というサイトの記事が目に留まった。

気になって色々調べてみてみたら、欧米のインディーズなモノづくりをするクリエーターが「俺らが作ったもん、すげえクールで便利だろ？　これ一般発売したいから、量産するための金をカンパしてくれねえかな？　お礼に試作

品あげるわ」と、物好きな連中から資金を調達する仕組みってことがわかった。

例えば新しい便利そうなガジェットがあったとしよう。

「市場価格は1万円ぐらいで売りたいけど、先に支援で金出してくれたら5000円でいいよ。もっと支援してくれたらおまけもつけるよ」

みたいなプロジェクトがたくさん掲載されていた。

ほほぅ。さすがアメリカの商売を生み出す連中はやることが違うよなぁと感心したと同時に、

「この仕組み、俺らみたいにファンのおかげでやっていけている仕事のやつには福音みたいな仕組みだな……」と思ったのだ。

これが自分とクラウドファンディングの出会いだった。

とりあえずやってみっか

拙い英語能力でKickstarterのサイトにあるプロジェクトを掘るように調べた。だが悲しいかな高校時代の偏差値42で、Fラン大学法学部を5年かけて卒業した自分が、それほど内容を詳細につかめるわけもなく、仮に支援しても「海外だし商品が送られてこなかったらどうしよう」という不安もあった。いくつか支援もしたが、いまいちピンとこなかった。

ラチが明かんと「日本でこのサービスやっているところねえのかよ！」と思い、ネットで調べてみたら、「CAMPFIRE」「READYFOR」「Motion Gallery」という3つのプラットフォームがあることがわかった。

2013年当時の自分の所感であるが、「READYFOR」は地域貢献やボランティアなどのプロジェクトが主で、「Motion Gallery」は映像系やクリエーターのプロジェクト、「CAMPFIRE」はサブカルチャーのプロジェクトが多く掲載されていた。当時はまだ自分のやっていることをサブカルチャーと思っておらず、志は低いが意識は高いミュージシャンの側面を持っていたので「CAMPFIREはねえな……」と思ったのは内緒である。

ともあれ日本でもクラウドファンディングのサービスがあることを知ったので、とりあえず使ってみることにした。将来、自分がこれを使って金を集める際、勉強不足でトラブったら最悪だからだ。そもそも自分がよくわからない仕組みでお金を集めるってことに恐怖を感じた。

当時はプロジェクト数も今とは比べものにならないぐらい少なかったが、色々とサイトを掘ってさまざまなプロジェクトを見て、なるべく自分が将来やりたいことと近いプロジェクトを探した。

それで「リアニメーション」というアニクラ団体（クラブでアニソンをガンガンかけて客がぶんばか踊るイベントを主催する団体。残念ながら「リアニメーション」は現在はなくなってしまった）がイベントをやるために資金調達をしているプロジェクトと、有名クリエーターが『モンケン』というゲーム開発に対する資金調達をしているプロジェクト、のふたつに絞って支援をしてみた。

当時はまだ日本にクラウドファンディングが入ってきたばかりで、おそらくプロジェクトオーナーの方々も手探りでこの新しい仕組みに取り組んでいたんだと思う。結局、モンケンに1万円、リアニメーションには7万円を支援した。未知の物に対して1万円以上の金銭を払うのは心理的な抵抗がなくもなかったが、授業料として納める気分だった。

結果的にこれらのプロジェクトを支援して良かったのは、リアニメーションは「主催者と支援者で共通の目的を達成したという感覚を共有できる」「現地に参加しない自分でもイベントを一緒につくれた」という今までになかった喜びと楽しさを自分にもたらしてくれた点。

そしてモンケンは「クラウドファンディングでのゲーム開発の難しさ」を教えてくれた。プロジェクトの途中でメンバーが仲違いしたり、できたものが想像と全然違ったり、いつになってもリターンが届かなかったり……と頭にくることも多く、クラウドファンディングの闇の部分も体験できた。たとえ有名クリエーターが絡む案件でも、絶対に注意が必要だということがわかった。

その後も気になるプロジェクトに支援を続け、朝起きると必ず、複数のプラットフォームをチェックする、ちょっとしたクラウドファンディングウオッチャーになっていた。

自分のやりたいことに近いプロジェクトはもちろん、まったくの畑違いのもの、興味の湧かないものでも、とりあえず片っ端から支援しまくり、情報を収集しまくった。

自分が必要とするであろう資金調達の種類は「ゲーム開発」「アルバムなどの音源やMV映像などの制作」「ライブイベント制作」「グッズ制作」。主にこの4種類のプロジェクトに支援をすれば、将来に向けてきっと有意義なデータが取れるんじゃないかと思ったのだ。

人生初のプロジェクト起案

2006年の立ち上げから、弊社はライブイベントをたくさん開催していた。自分自身がバンドを諦めきれないままおっさんになったバンド野郎でもあるので、OVERDRIVEの作品は「バンド」や「音楽」をテーマにした作品がほとんどだ。おかげで現役のプロミュージシャンやアーティストの方々にもファンが多く、よくライブハウスを借りてファンの人たちとモッシュやダイブ渦巻く、割と激しめなライブをやっていた。

ちょうど当時は、「KICK START GENERATION」というライブイベント（2013年の5月5日）の直前で、会場は今はなきディファ有明（1800人収容）という大きい箱でのライブだった。これは『キラ☆キラ』『DEARDROPS』『僕が天使になった理由』という、「弊社の美少ゲー3タイトルに登場する劇中バンドを実際にステージに立たせる！」というファンも待ち望んだコンセプトのライブで、チケットもソールドアウトをしていた（と思う）。

だが、ここでトラブルが。

これまでのライブでは配信のカメラを入れて、遠方のファンや会場に来ることができなかったファンのために生配信をしていたんだけど、あいにく配信プラットフォーム側の都合でライブの配信が不可能になってしまった。

自分は以前より、ニコニコ生放送で夜な夜なファンを集めてグミを作ったり、料理したり、寝ているさまを配信したりとアホみたいな配信を行なって常時200人程度の視聴者がいた。なので、その番組で思い切って「クラウドファンディングって仕組みがあって、みんながちょっとずつ金を出してくれたら今度のライブ、映像化できるようになるんだけどどーよ？」と投げかけてみた。

もちろん否定的な意見はあったが、会場に来ることができない方に加えて、会場に来る予定の方から「アーカイブ用に映像作品として欲しい！」という意見が多かったので、ここに初のクラウドファンディングプロジェクト「『KICK START GENERATION』公演映像化計画」を立ち上げることになった。なんせ起案する側も、支援する側もまったくの素人で「そもそもクラウドファンディングって何よ？」というところからのスタートだったが、当時は毎晩のようにニコ生で配信をやっていて「金額がここまで集まったら、こんなこともできるんだけど」「で、君ら、これをリターンにつけたらぶっちゃけいくら出す？」など、数百人と議論をしていた。ありがたいことにわれわれのファンはとてもチャレンジャーな方が多く、割とポジティブな意見が多かったように思う。

その後、プラットフォームを選ぶ段階で、最初にＣＡＭＰＦＩＲＥに問い合わせをしてみたのだが、ここでちょっとした幸運が。できれば対面で打ち合わせをしたかったので電話で問い合わせをしたら「ひょっとしてｂａｍｂｏｏさんですか？」と。なんと担当のＥ氏は俺がはるか昔にリリースしたゲームのファンだったのだ。

ギャグみたいな話であるが、「じゃあ会いましょう！」というわけで打ち合わせをすることになった。やっててよかった美少ゲー稼業。

当時のＣＡＭＰＦＩＲＥは、道玄坂の小さな事務所にスタッフが数名いるだけのスタートアップ企業だった。プラットフォームの手数料は20％と今よりも割高で正直、これはありえねーなと思った。夢に3回出たし、無意識に「手数料たけえよ」と独り言を1万回ぐらい言っていたけど、まぁ最初のプロジェクトだし勉強代と思って割り切ることにした。

このときはまだプラットフォームでプロジェクトを担当する人を「キュレーター」と呼ぶことすら知らなかったが、打ち合わせをしていくなかで、クラウドファンディングに対しての知識が見る見る増えていった。目標金額に達成しなければプロジェクトを行なわない「ＡＬＬ ｏｒ ＮＯＴＨＩＮＧ」や、目標金額に達しなくとも集まった資金だけでプロジェクトを実行する「ＡＬＬ ＩＮ」といった形式があることや、目標金額を達成した後につくられる次の段階のゴールのことを「ストレッチゴール」と呼ぶことなどなど。これらは

クラウドファンディングの基礎的な知識ではあるが、当時の自分には新鮮だった。

同時にニコニコ生放送でこのプロジェクトについての配信も行なっていたが、生配信という形式がこの手のディスカッションに向いていたのか、配信するたびにたくさんの視聴者から質問が矢継ぎ早に来た。「リターンのTシャツのサイズはXXLまであるの？」「発送はいつ頃？」「5.1ch対応？」などなど。今にして思えば、この段階で多くの質疑応答があったために、これらをまとめたものを、後のプロジェクトページに記載するFAQ（よくある質問）の元にすることができた。

そして放送内で視聴者にプロジェクト開始日を告知し、しこしことプロジェクトページを作り、いよいよ「『KICK START GENERATION』公演映像化計画」のプロジェクトがスタートすることになった。

まさかのビッグサクセスと授業料

2013年5月1日。自分にとって初となるプロジェクトのスタート日を迎えた。目標は360万円を集めて、ライブのDVDを作ることだ。リターンは「500円」「7000円」「1万円」「3万円」の4コース。最も高額な3万円のコースには出演者の直筆サイン色紙やエンドロールのクレジットに名前が入るスペシャリティをつけてみた。

正直なところ、開始するまで不安しかなかった。今だから書けるが、前日はプレッシャーで寝られなかった。

プロジェクト開始時間は21時だったと思う。寝不足のボーッとした頭でニコニコ生放送の配信を開始し、リスナーと推移を見守ったのだが……なんと、開始と同時に次から次へと支援が集まったのだ。予想をはるかに超える支援が殺到し、CAMPFIREのサーバーが落ちるという異例の事態になった。

当時、これだけの支援が短時間に集まるプロジェクトはほかにはなかったので、担当のE氏も相当、慌てていた。当時はクラウドファンディングの仕組み自体が、こんな短期間にアクセスが集中することを想定して作られていなかったので、仕方のないことだった。

結果、目標の360万円は1時間かからず集まってしまった。支援をしてくれた人がTwitterで支援したことを発表し、さらにそれを見た人がプロジェクトページにやって来て支援する。そんな好循環のおかげもあって、2ヵ月後のプロジェクト最終日に支援金は980万円を突破し、最終的に1000万円近い金額を調達することができた。約300%の達成率だ。

起案者の自分だけでなく、支援する側も「あのプロジェクトはその後、どうなったんだ？」と毎日、プロジェクトページにアクセスし、支援金が日々、増えていくのを見るのがひとつの日課、エンタメになっていた。今、思えば可視化された支援金を支援者と共有したり、目標金額を達成したら要望のあった商品が発売できるというのも目新しかったのだと思う。

基本的にこれまで、メーカーの売り上げの数字なんてのはそんな表に出るものでもなかったしね。夜な夜な趣味でやっていたニコニコ生放送では「もしこれだけ集まったらこんなことできるな！」とストレッチゴールについて視聴者と熱くロマンを語っていた。

もともと映像作品の盤商品（DVDやBDなど）というのは、音楽やアニメ問わず「制作にかかるコストの割には濃いファンしか買わない」という代物で、うかつにリリースをすると赤字になる可能性が高かったりする。特にライブDVDはカメラの台数や編集、コメンタリーのおまけに5.1ｃｈ対応と、こだわればこだわるほど青天井にコストがかかるものなのだ。

それがクラウドファンディングで事前にコストを回収することによって、カメラの台数は公演記録用みたいなライブＤＶＤの倍以上になり、編集にもコストや時間がかけられ、5.1ｃｈ対応でなおかつＢＤとＤＶＤが両方つく……と、ファンにとってもたまらない映像作品をリリースできるようになる。さらに受注販売みたいなものだから余分な在庫をつくらなくて済むのだ。

「やべえ！　クラウドファンディング最高じゃねえかよ！」

正直めっちゃ浮かれていた。そして調子ぶっこいてました。当時の自分に会ったら言ってあげたい。

「そんなうまい話はないんやで」と。

プロジェクトも終了し、製造費や発送などのコストがあらかた判明し、すべての精算が終わった段階で衝撃の事実が判明した。

なんと、今回のプロジェクトは４００万円の赤字だったのだ。

え、なんで？？？？

理由は、ある勘違いをしていてBDを製造する際の見積もりをしていなかったのだ。

当時はコンビニなどで映画のパッケージがBDとDVDのコンボで売られており、これを「お得じゃん!」と買い集めていたホラー映画マニアの自分はてっきり「DVDとBD、元のデータは同じなんじゃねえの?」と考えていたのだが、両者はまさかの別データで、コストも別にかかることが判明。しかもその値段がDVDの数倍したのだ。

加えてクラウドファンディングでは「集めた金額をすべてプロジェクト実現のために使えるわけではない」ということも痛いほどわかった。調達金額から、「送料」「消費税」「プラットフォーム手数料」「リターンの製造費」なども工面しなければならない。もちろん試算や見

積もりは取っていたものの、過去の経験値から「だいたい、こんだけあれば作れるんじゃね」と丼勘定だったことも否めなかった。

ストレッチゴールにより商品仕様が変わるなかで、当然、仕様に関するコストも変わってくる。にもかかわらず金額だけを見て浮かれに浮かれていた自分は「じゃあ仕様はこうしたら最高やんけ！　ファンにも喜ばれる！」とコスト計算をろくすっぽせずに、太っ腹にファンに還元することだけを考えてリターンを制作してしまっていたのだ。

結局、このときは運よく一般発売で赤字分を回収できたから良かったものの、ハクション大魔王ばりに数字に弱い自分にとってクラウドファンディングは「最高じゃん！」から「よく考えて使わないとおっかない物」になったのだ。

結果はアレだったが、いろんなことがわかった初プロジェクトだった。授業料だと思えば安いものだ、と割り切ることがギリできたかな……。

第2章

クラウドファンディングを使い倒してみた

CROWD FUNDING

TECHNIQUE TO BE RECOMMENDED

milktub海外公演支援計画

2013年当時のCAMPFIREは、起業したてで、生まれたての子鹿のように小さい会社だった。スタッフは5、6人で手数料は20%(当時)。要するにクラウドファンディングで1000万円集めても800万円しか使えないということだ。

これに「ふっざけんな!」と、思っていたところ、後輩がクラウドファンディングのプラットフォーム(「UNEEDZONE.jp《ユニゾンジェーピー》」)を新たに立ち上げることになり、自分も手伝うことにした。

プラットフォームの立ち上げから自分で関わることができるため、これまで自分が使っていて不満だった点も大きく改善することができた。例えば「メッセージ機能の仕様を充実させてくれ」「サクセスしたらアイコンの色を変えてくれ」「質疑応答のタブを作って!」など、細かいことまで仕様要望を出して、実装してもらった。当時は自分でプロジェクトを起案して、その手数料をプラットフォームの実装費用に充ててもらっていたようなものだった。

その中で特にこだわった点は、いわゆる「盛り上がりの可視化」って部分。

例えば支援した人は、サクセス後の金額の表示カラーが変わるなど「サクセスしたことを一緒に喜んでもらえるような仕組み」や、SNSなどで話題にしてもらいやすい画面構成にしたり、デザイン面でもプロジェクトごとにページに背景画像を差し込んで差別化できるようにと、UNEEDZONEのスタッフたちと試行錯誤した。

また、ここでは自分たちのバンドのフェス参加費のプロジェクトをサクセスすることもできた。

われわれのバンド「mi-ktub」が2014年、ドイツのボンで開かれるアニメコンベンションイベント「AnimagiC2014」にライブアクトとして招聘《しょうへい》されたときのこと。「海外公演」はミュージシャンだったら一度は夢に見る体験で、われわれも全力で臨みたい。だが、先方からのオファー条件は「メンバーふたりで、演奏はカラオケで歌唱での参加」というものだった。

当時の海外のコンベンションなどのアニメ系イベントは、現地スタッフたちの熱意と手弁当で開催されており、物価の高い日本のミュージシャンをバンド＆スタッフごと招聘する予算を捻出するのはかなり難しい状況だった。それでも一生に一度になるかもしれないイベント。この時点での最高の演奏、最高の布陣で挑みたかった。予算の都合上、主催者がバンドでの招聘費は出せないというのなら、自分たちで出して行っちゃるわ！

と、この費用を募るプロジェクトを立ち上げたのだ。

題して「ｍｉｌｋｔｕｂ海外公演支援計画」。この〝俺たちをドイツに連れていってくれプロジェクト〟は、言ってみたら自分たちのロマンとわがままばかりで、正直、ファンにはあまりメリットがないものだった。だって予算の関係上、俺たちのライブを実際にドイツで見る、という現物としてのリターンを出すことはできないからだ。

それでも、できることはなんでもやるぞとばかり、「現地の絵はがきで書いたお礼状やお土産（むろん、自腹で購入）がもらえる」とか「フェスの映像をＹｏｕＴｕｂｅで配信」といったあの手この手の策でリターンの価値を出すことに奔走した。

初のドイツ滞在では、日本のアニソンの浸透度の高さにただただ驚かされた。また行きたい

結果、目標金額１４０万円に対して支援総額は約１８０万円、１３０％でのフィニッシュとなり、おかげでめでたくバンドとしてフェスに参加することができた。

「ここいらで一度、失敗したほうがいいのでは」

また、同じ年の２０１４年にはクラウドファンディングでアルバムも作ってみた。弊社タイトル『ＤＥＡＲＤＲＯＰＳ』でボーカルを務めた「Ｐｒｉｃｏ」の新しいユニットとして「Ｐｒｉｃｏ ｗｉｔｈ ＤＥＡＲＤＲＯＰＳ」としてアルバムをリリースすることになった。こちらも３５０万円の目標に対して８００万円以上の支援を頂いた。

アルバムを作るにあたって、実は予算で諦めることってけっこう多いので、予算が先にあるというのは制作においては良いことずくめだ。

例えばレコーディングした音源を仕上げる作業に「マスタリング」という工程があるのだが、「もう少し資金に余裕があったら、あそこのスタジオの職人エンジニアさんに頼むんだけどなぁ……」とか、レコーディングするスタジオも「予算がないから

安いスタジオ使おうか」と泣きを見ることが過去に多々あった。予算を圧縮するテクニックもなくはないが、毎度毎度「すまん！　今回はこれでお願い！」と安い金額で仕事してもらうにも限度はある（ミュージシャンやエンジニアは職人なのだから、それ相応の対価を払わないといけない）。

その点、先にまとまった予算があれば、早い段階で「通常より良いスタジオで作業できる」「入れたい楽器を頼みたいミュージシャンにお願いできる」「腕のいいエンジニアに仕事をお願いできる」などの判断ができてアルバムの質が向上するし、事前に広告費などをゲットすることでプロモーションにも幅が出せる。ＣＤなどの盤物が売れなくなっている今の時代だからこそ、先に予算があるというのは非常に重要なことなのだ。

特に自分のいる音楽、ゲーム業界では、以下のようにクラウドファンディングの恩恵を受けられそうなものが多い。

・ゲーム開発における開発費の調達

美少ゲーの開発をメインでやっているメーカーのほとんどが中小企業で、それだけにリリースしたゲームが一発コケてしまうと死ぬ（倒産する）可能性が高い。事前に借金でない開発費を調達できればクリティカルなダメージを負う可能性が減るし、集まった金額の規模で開発を行なえば、ほとんどバクチのような自転車操業サイクルから抜けることができる。

・グッズなどの開発費の調達

多くの美少ゲーメーカーはソフトだけでなく、グッズも売り上げの主眼に置いているところが多い。とはいえファンからのニッチな要望に逐一、応えるのはコストやカロリーの問題もあって難しいが、クラウドファンディングを使えば、メーカーは損することもなく、ある程度、ファンのニーズに応えることができるはずだ。資金が集まらなければ、「需要がなかったんで、すまんやで」で終わりなので、莫大《ばくだい》な損失を負うこともない。

・ライブやイベントの制作

ライブやイベントはコストをかけだしたら青天井だし、チケット売れなきゃ赤字が増える。小さいライブハウスでの公演ならまだしも、会場がデカくなればスタッフの数も膨大になる。また、地方での開催ともなればば移動のコストもバカにならない。ある程度動員が見込めるイベントならばこれらもクリアできるのだろうが、そこまでいくのはひと苦労だ。とにかくゲームにしても音楽にしても「先に予算がある」というのは本当に強みなのだ。

さて、ここまでいくつかのプロジェクトを手掛けたのだが、すべて100%以上の資金調達をし、自分のプロジェクトだけで5000万円以上を集めることができていた。ぶっちゃけ、当時は成功続きで調子をコイていたのだろう。このときはふと「ここいらで一度、失敗したほうがいいのでは」との思いが頭をよぎることもあった。

というのも、それまでは扱う商材的に数字が読めるものや、過去に制作経験のあるものばかりでプロジェクトを起案していたので、ある意味、成功するのが見えているものばかりだったのだ。そういえばゲーム会社で働いていたペーペー時代、上司から「自分に一番必要なものは、得意なものより苦手なものにあったりするんやで」と教えられたよなぁ……なんて思い出しつつ、ここいらで苦手なカテゴリーやアイテムで勝負したくなったのだ。

そこで、2016年に立ち上げたのが「オリジナルスリッポン」の制作プロジェクトだ。

実はわれわれにとって、「靴」は負の歴史しかない。なぜ靴が難しいのかというと、なんといってもサイズ感に尽きる。細かいサイズが設定されているものは普通の物販でも制作、販売ともに難しい。以前に靴を作った際、売り上げは芳しくなく、当時3フロア借りていた開発室が靴の在庫でパンパンになり（靴は箱もデカいのだ）、「ゲーム会社を立ち上げたのに、俺は靴作って倒産すんのか！」と途方に暮れたことがあった。

そこで今一度、「サイズ感の細かいモノはクラウドファンディングで売れるのかどうか」を試してみたかったのだ。だが、結果は未達。この当時、自分で立ち上げたプロジェクト唯一の黒星となった。

靴はサイズに加え、甲の高さや幅など購入者からすれば確認したい要素がたくさんあり、心理的なハードルがほかのアパレル物とは比べものにならないほど高いのだ。これはプロジェクトを始める前からある程度わかっていたことではあったが、やはりこうした「試着しないと怖い」モノは、自分が行なうクラウドファンディングに向かない、とわかった

サンプルで製造したオリジナルスリッポン。これはいまだにもったいなくて履けない

ことが収穫だった。サンプルは作ったのだが、それはそれで自分が欲しかったモノなので、まあオッケーである。

サクセスに必要な6つの要素

この頃にもなると、クラウドファンディングの使い方やプロジェクトを立ち上げる際のポイント、さらには勝算の立て方もあらかた見えてくるようになった。それで、あちこちで「クラウドファンディング、いいっすよ」と話をしていたんだけど、そう言うと決まって「それはｂａｍｂｏｏだからできるんだよ」と言われていた。

本当にそうなのか？

確かにそういう面もあるかもしれないが、なぜかちょっと頭にもきた。

「そんなのプレゼンの仕方やんけ！」と。

当時、自分の中にはおぼろげながらも勝利の方程式みたいなものが出来上がりつつあり、これを使えばきっとほかの人でもうまくできるんじゃないか、と思うようになったのだ。

これらはいずれも、自分がプロジェクトを起案してみて初めてわかったことで、ネットで調べたり、人のプロジェクトを支援しただけでは絶対にわからないことだった(やはりなんでも自分でやってみないことにはわからないのだ)。

以下に「サクセスに必要な6つの要素」を記すが、サクセスにはこれらすべてを満たす必要がある、というわけではなく、「以下の要素があればあるほどヨシ」くらいに思ってくれたらいい。

①予算組み

6つの要素の中で、自分が最も大事だと考えるのがこの「予算組み」で、体感ではプロジェクト成功の50%ぐらいは、この予算組みにかかっているといっていい。

自分は最初のプロジェクトで目標金額360万円のところ1000万円近い資金を調達することに成功したにも拘わらず、最終的には400万円もの赤字となってしまった。すべては見積もりの甘さが原因で、事前に詳細な予算を組むことが何よりも大切だと痛感した。

経験上、「不測の事態」は大なり小なり必ず起こるし、予算の管理が甘いとそうした事態に対応することができないのだ。想定していなかった支出もきっと後から出てくるだろう。それらを心得た上で、予算は「1円単位で組む」ぐらいの気持ちでやるべきだろう。

②ムード

要するに「このプロジェクトに支援してみようかな」と思わせられるかどうか。その空気をいかにつくるかはとても重要だ。

例えばあなたがコンビニに行ったとしよう。

駐車場でおっさんがひとりでワーワーわめいていたら、おっかなくて近寄らないばかりか、最悪、店に入らない可能性もあるだろう。下手したら通報するかもしれない(笑)。でも何人かがそれを囲んでいて、なんだか盛り上がっていて照明とかマイクとか立っていたら「なんかのイベントかな?」と思い、とりあえず近づいてみるのではないか。ムードとはそういうことだ。

クラウドファンディングの場面では、例えばプロジェクトページにざっくりとした説明しか書いていなかったら支援者はどう思うだろうか。自分は通販サイトでも、そっけない説明しか書いてなかったら怖くて買えないが、現物がないクラウドファンディングではなおさらそうだ。

加えてプロジェクトオーナーの人となりといった〝顔〟が見えていることも重要。なんの情報もない、見ず知らずの人に誰がお金を出すのだろうか。

実際、これまでに自分が支援したプロジェクトを振り返ってみると、「どんな人が」「なんのために」「何を作るのか」、そして「支援したらどんなメリットがあるのか」が具体的に記されていたものが多かった。これに関してはプロジェクトオーナーがどれだけ熱量を持って挑んでいるかという「気概」の部分が大事で、これがムードをつくっていく。

なので、できればプロジェクトオーナーはTwitterなどSNSで、人となりを発信していたほうがいいと思う。ざっくり書くが、自分はTwitterのフォロワーが1000人いたら100人ぐらいは話を聞いてくれ、20人くらいは支援してくれるかもしれないと考えていた。分母がデカくなれば、それだけ話を聞いてくれる人の数も増えるわけだから、事前にその数を増やしておくことはプロジェクトの成功への秘訣《ひけつ》でもある。

自分はクラウドファンディングもひとつのエンターテインメントであると思っている。そしてエンタメである以上、お客さんに「これにお金を出したい!」と思わせてナンボなのである。

③ドラマ

ドラマとは要するにこのプロジェクトが立ち上がるに至った経緯だ。ドキュメンタリー番組『プロジェクトX』なんかもそうだが、やはり人は物語、ドラマに心を動かされる。話を盛る必要はなく（むしろそれは絶対にやっちゃダメ。ウソは一番よくない）「どうしてもこれを作りたいと思った経緯」がきちんと提示されていることが大切だ。

これは実際にあった例だが、ある女性がバイクに乗りたいから免許を取るお金が欲しいと立ち上げたプロジェクトが「んなもんテメーが働いた金で取れ！」と炎上する事件があった。これはクラウドファンディングの使い方として決して間違ったものではないのだが、正論を言ってしまえば「そんな金、自分で働いて稼げよ」に尽きるし、炎上するのもわからんでもない。

だがここに、こんな要素を入れてみたらどうか。

「私のお父さんはバイク乗りでしたが事故で亡くなってしまい、もうすぐで十周忌です。私はお父さんと同じ型のバイクを買って、お父さんが死んだ場所に行き、成長した姿を見てもらいたい。自分で頑張ってお金を貯めましたが、まだお金が足りません。足りない分を支援してください」

これだとだいぶ抵抗感が低くなるのではないか。まったく同じ事柄でも、そこに「ドラマ」を付け足すことで、「テメーで働いて稼げ」から「支援したくなる案件」に変わる可能性があるのだ（特に日本人は浪花節に弱いという特性も付け加えておきたい）。もちろんこれは「ドラマ」の重要性を示す一例であって、「話を盛れ」ってことではまったくないので、そこは誤解なきよう。

④メリット

支援者が出してくれる金額と、それに対するリターンのバランスがきちんと取れていることは言うまでもなく重要なのだが、自分の場合は正直、〝適正〟よりも支援者が「結果、お得」になるよう心掛けていた。

実は購入型のクラウドファンディングは、普通に通販で買うよりも高くついてしまうケースも多々、あったりする(プラットフォームを使う以上、手数料を取られているので当たり前なんだけど)。特に海外のガジェット系のクラウドファンディングでは、日本の代理店のサポートが入るケースもあって、本国よりも高い価格がついていることもしばしばだ。

それでも「金額よりも価値がある」と思ってもらえれば支援は集まるわけで、自分は常にそこを意識して、メリットを提示するようにしてきたつもりだ。

⑤ ロマン

クラウドファンディングでは、単なる「モノ」を買うのではなく、新鮮な驚きや体験が欲しくて支援する人も多い。「こんなモノがあったら面白い!」「こんな体験、ほかではできない」と支援者に夢を見せることができるプロジェクトは強い。これまでウン千というプロジェクトを見てきたが、この部分をうまく打ち出せたところは資金調達に成功しているケースが多かった。もちろん、いたずらにロマンを煽《あお》るだけではダメで、支援者に対して「そのアイテムやサービスを使っている自分」をいかに想像させるかがポイントなのだ。

⑥客観視

プロジェクトページを作っていると、ついつい視点が手元ばかりになりがちだ。いったんプロジェクトページを作ったら、そこから一歩離れて、「これは自分が支援者だったら支援したいプロジェクトかどうか」を冷静にジャッジすることが重要だ。

自分で判断できなかったら周囲の人に見てもらうべきだろう。CAMPFIREのシステムでは仮で組んだページを外部に公開することもできるのでぜひ、試してほしい。

プロジェクトページはいうなら公開プレゼン資料みたいなものだから、これを読んだ人の興味を誘わなければ勝負にならない。自分でプロジェクトページを作成するときは書いてあることがわかりやすいかどうか、具体的かどうか、周りからどう見えるのかをじっくり検証するべきだ。これまで様々なプロジェクトのお手伝いをしてきたが、この「客観視」ができていない人は想像以上に多いので、要注意であります。

以上が自分が関わった、主にエンターテインメント関係のプロジェクトで大切だと感じた6要素だ。プロジェクトにおいて、支援者が支援をためらう要素や問題点を自分は「支援障壁」と呼んでいるのだが、これらの6要素を意識することで、確実に「支援障壁」を下げることはできるはずだ。

クラウドファンディングでサクセスに必要な6つの要素

1	予算組み	これが最も大事。予算管理が甘いと不測の事態にも対応できない
2	ムード	支援者に「これにお金を出したい!」と思わせる空気づくり
3	ドラマ	なぜ、そのプロジェクトを実現させたいのか。その経緯がドラマを生む
4	メリット	支援金額を上回るリターンがなければ人はお金を出さない
5	ロマン	単なる「モノ」を買う以上の新鮮な驚きがあるプロジェクトは強い
6	客観視	自分が支援者だったら支援したいと思うか?

ニューロティカと映画『あっちゃん』

「自分がこれまでクラウドファンディングで培ってきたノウハウをうまくカスタマイズしたら、ほかのプロジェクトオーナーもうまくクラウドファンディングを使えるんじゃねえかな？」

そんなふうに考えていた２０１３年の冬に携わったのがパンク・ロックバンド「ニューロティカ」の結成30周年記念ドキュメンタリー映画『あっちゃん』の製作計画だった。

八王子のロックバンド、ニューロティカは自分もファンであり、公私ともに仲良くさせていただいている先輩バンドだ。ご存じのない方に説明すると、２０２１年時点で活動歴37年の超老舗パンクバンドである。日本国内の様々なミュージシャンに影響を与えつつ、インディーズ日本代表として２０２２年１月に武道館公演を予定している、すげえバンドなのだ。

当時、俺がクラウドファンディングを使って様々なプロジェクトを立ち上げていたのを見てくれていたドラムのNABOさんが「ニューロティカ30周年記念として映画を作って、それを映画館で上映したいんだ」という相談を自分にしてくれたのだが、後輩冥利に尽きる話だし「無謀だけどめっちゃロマンあるな！」と思ったものだ。

それで「わかりました。ただし、先輩ですしめちゃくちゃ尊敬してますけど、クラウドファンディングに関しては僕の言うことを聞いてください」と返事させてもらった。

ただ、正直なところ映画の主役であるボーカルのあっちゃん（ATSUSHI）は、最初はクラウドファンディングには乗り気じゃなかったという。「人から金を集めるなんて」という思いもあっただろうし、ITにあまり明るくなく、クラウドファンディング自体が得体の知れないものというイメージもあったのかもしれない。なんせいまだに「プレイステーション」のことを「ポリステーション」って言ってる人だ（笑）。

だから、これは「集《たか》りではなく支援である」こと、そして「対価としてパトロンにきちんとリターンを届けること」を説明して、納得してもらった。

自分にとってのキュレーター第1号案件となったこのプロジェクトは、大好きな先輩の大事なプロジェクトということだけではなく、「自分が今まで培ってきたノウハウは、果たして自分の看板が無くても通じるものなのか」を試す試金石でもあった。

最初は不安もあったこのプロジェクトだったが、ファンの熱量が高く、何よりニューロティカご本人たちがめっちゃ頑張ってくれた。駅前で選挙演説よろしくクラウドファンディング実施のお知らせ動画を撮影して公開したり、日本各地のライブで告知をしたり、金はないけど足を使いに使って使い倒してできる限りのことをやってくれた。50歳手前（当時）のベテランロッカーがまだ世の中に浸透していないWEBサービスを自分たちなりに理解し、それを使ってプロジェクトを実

駅前で街頭演説をキメる八王子のロックスター。この行動力は全インディーズバンドが見習うべき

行しようと奮闘する様は、間近で見ていた後輩の自分も感動した。

「これがインディーズのあるべき姿だよなぁ……」

バンドのファンは外部の人間の声では絶対に動かない。それだけに、当人たち（バンドのメンバー）の言葉に熱量がなければこうしたプロジェクトの成功はありえないのだが、当時のニューロティカは『絶対絶命のピンチに尻尾を高く上げろ！』（ニューロティカの名曲）を地で行く行動力を見せてくれた。

おかげでプロジェクトは400万円弱の目標金額に対し900万円を超える支援を集め、250％でフィニッシュ。これは俺がどうこうではなく、明らかにプロジェクトの持つパワーだっ

昼はお菓子屋、夜はロックスターな生き様を描いた映画『あっちゃん』はYouTubeでも見られます

たと思う。900万円を超える調達資金に対して支援者の数は約450人、ひとりあたりの金額の大きさが、ファンの熱量を物語っている。

老舗バンドだけあってバンド業界にも顔が広く、氣志團をはじめとするニューロティカをリスペクトするフォロワーバンドの皆さんや、共に時代を戦ってきたバンドの面々、さらには若い頃にニューロティカを聞いていた様々な分野のお偉方の皆さんなど、そうそうたるメンツがプロモーションや支援に協力してくれたこともデカかった。資金がある程度潤沢にあるおかげで全国津々浦々、様々な映画館、ライブハウスで上映することができ、大きな成果を上げることができた。

一方で苦労もないではなかった。

今回のようなケースではバンドマンが〝矢面〟に立ち、プロモーションを頑張ってくれたのだが、バンドマンが必ずしもクラウドファンディングの説明が得意とは限らない。特にお金が関わることだ。だからこそ「通訳」が必要であり、自分の仕事はそこにあった。あと、アーティストの口から金の話はさせたくないので、主にそのあたりを引き受けさせてもらった。やっぱりアーティストには夢とロマンだけを語ってほしいのだ。

だが、当時はまだクラウドファンディングに対する認知度が低いこともあって、こうしたシステムで金を集めることに否定的な声を上げるファンもいなくはなかった。実際、宣伝動画の生配信中には視聴者とケンカもした。ニューロティカのファンからは「パンクバンドのくせに何やってんだよ」と言われたりもした。正直、心の中では「ごもっともです」と思わないでもないけど、ここで引くわけにもいかない。「お前らもファンかもしれないけど、俺も大ファンだから！　負けねえから！」の思いで頑張った。

好きなバンドを追いかける上で一番悲しいことは「解散」だ。インディーズバンドの活動は常に綱渡りで、クラウドファンディングを使うことで少しでもその活動が長く続くんなら、俺はファンとしてウエルカムという気持ちで挑んでいた。

実際、愛情がなければできない。だって、俺、このときに金もらってないもん。タダ働きどころか、むしろ10万円コースとか支援してたし。ともあれ、このサクセスに

「あ、やっぱ俺、いけるんじゃね？」との思いを強くしたのである。

名前が売れてきたぞ

2015年には鷲崎《わしざき》健《たけし》という友人ミュージシャンのアルバム制作プロジェクトも手掛けた。

彼はラジオパーソナリティとしても活躍しているが、音楽的にも素晴らしい才能を持っていて、ブルースマンとしてもその才能を遺憾なく発揮している。ちょうど彼の元マネジャーから、「彼の宙に浮いた4thアルバムを出す手伝いをしてくれませんか」という相談を受け、本人の知らないところで周囲を巻き込み、準備を進めていった。

そしてある日、今考えると恐ろしいことだが、彼がMCを務める文化放送の夕方の生放送の番組でゲストとして登場した自分は、「お前さ、クラウドファンディングでアルバム作ろうぜ」といきなり吹っかけてみたのだ。さらに番組が終わった後に、「では続きは配信で！」とそのままニコ生の説明番組になだれ込むという、今だったら確実に各方面に怒られるであろう作戦を取ったのだ。当時は自分も文化放送で番組を持っていたので許されたのかもしれない。

　もちろん関係各所との事前の話し合いはしていたが、これまでの自分のプロジェクトとはケタ違いの人数がニコ生の放送を見てくれており、「これは悪巧みだから、みんなで乗っからない？」と彼のファンをけしかけたことも功を奏した。結果、この「鷲崎健　4thアルバム&1stワンマンライブ　実現プロジェクト」は、目標金額720万円の設定に対して支援金は約3000万円集まり、達成率428%でサクセスとなった。おかげでMVを2本制作し、東京と大阪で彼のファンが待ち望んでいたバンドによるワンマンライブを開催することもでき、アルバムも好評を博した。

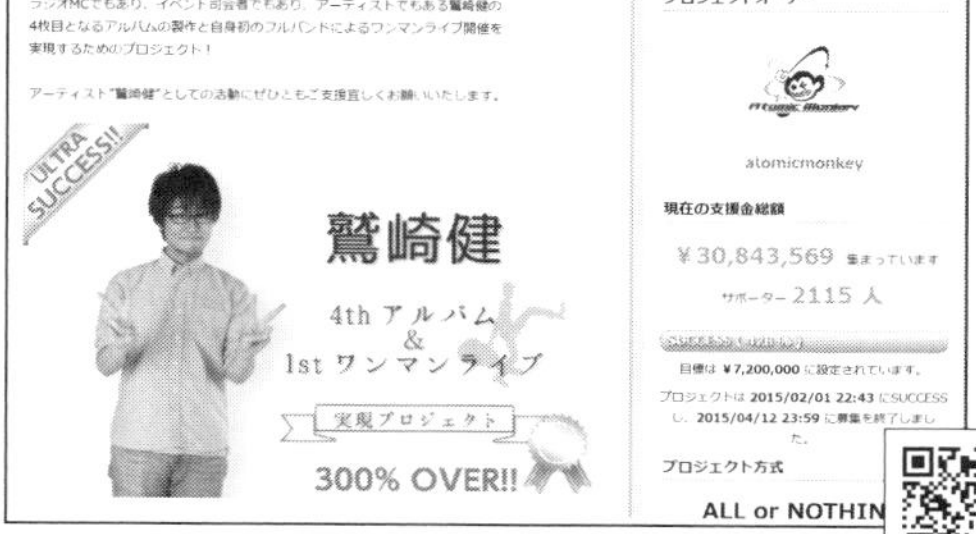
ラジオMCでもあり、イベント司会者でもあり、アーティストでもある鷲崎健の4枚目となるアルバムの製作と自身初のフルバンドによるワンマンライブ開催を実現するためのプロジェクト！
アーティスト"鷲崎健"としての活動にぜひともご支援宜しくお願いいたします。
ULTRA SUCCESS!!
鷲崎健
4th アルバム & 1st ワンマンライブ
実現プロジェクト
300% OVER!!
プロジェクトオーナー
atomicmonkey
現在の支援金総額
¥30,843,569 集まっています
サポーター 2115 人
目標は ¥7,200,000 に設定されています。
プロジェクトは 2015/02/01 22:43 にSUCCESSし、2015/04/12 23:59 に募集を終了しました。
プロジェクト方式
ALL or NOTHIN

　このプロジェクトで冷や汗をかいたのは、ニコ生で配信をしつつプロジェクトをスタートさせたときのこと。やっぱりサーバーが不調で「支援できない」という人が続出した。このままサーバーがトラブっていたら、多分朝までかかるだろうと思い、プロジェクトを見守る番組を配信中に「とりあえずいったん寝て、起きてから支援してください」と言ってみたのだが……結局は夜中にサーバーが復活し、その時点で支援した人によって売り切れが続出。結果、「ｂａｍｂｏｏの言うことを聞いたら支援できなかった！」と大トラブルになってしまったのだ。当然、謝ることしかできず、６時間くらい生配信で謝り続けた。あれだけ長い謝罪配信はもちろん初めてのことだったし、もう二度と経験したくない。以降、テキトーなことは言うもんじゃない、と大いに反省した出来事だった。

このように、はた目には大成功に終わったプロジェクトでも、絶対になんらかの反省点は出てくる。この世に反省点の無いプロジェクトは無い！ということは強調しておきたい。

鷲崎のプロジェクト以降から「ｂａｍｂｏｏはクラウドファンディングでいろいろ成功しているらしい」という話がアニメやゲーム業界にも広まり始め、あちこちから案件相談が持ち込まれるようになってきた。

そんな2015年のある日、あるアニソン業界の飲み会に参加したのだが、そこでも聞かれるのはクラウドファンディングのことがほとんどだった。その場で興味を持っている人の相談に乗ったり、自分の体験を語ったりするなかで、気づけばCAMPFIREの悪口をめちゃくちゃ言いまくっていた。「なんだよ、あの会社は。手数料は高けーしよ！　使いづらいんじゃ！」と、下戸ながら酒の力を借りて言いたい放題していたのだ。

だが間の悪いことに、偶然にもちょうど目の前にいたおっさんがCAMPFIREの役員（当時）だったのだ。んなことあるのか！と思いつつも、「ここでひるんでは負けだ！」という低偏差値ならではの思考回路により、「バーロー！　じゃ言いたいこと言わせてもらうぞ！」とさらにテンションを上げて文句を垂れた。当時、CAMPFIREで複数の案件を起案している人は珍しく、調達金額の総額ランキングの上位に自分のプロジェクトもあったのでここぞとばかりに思っていたことをブチまけたのだ。

もちろん、ただの文句だけではなく、「ここはこうすればいいのに」「ここがダメで使いづらいから、こうするべき」と、改善案も話させてもらった。ゲーム開発が自分の仕事ということもあり、サイトのシステムにまで口出ししてたと思う。

するとと目の前のおっさんはスッと名刺を出し、「ｂａｍｂｏｏさん、今度サシで会ってもらってもいいですか？」と言ってきた。これが後にＣＡＭＰＦＩＲＥへ深く関わることになるきっかけだった。

「渋谷で、IT会社の、顧問！」

今、思えばこのときに名刺をくれたおっさん（O氏）の器のデカさにも救われたように思う。その後、彼とサシでご飯を食べて話をすることになったのだが、彼は「うんうん」と話を聞いてくれただけでなく、「今度、社長の家入に会ってもらってもいいですか？」と言ってきたのだ。

「ええー、会うのー!?」

家入社長は今でこそ、CAMPFIREを国内有数のクラウドファンディング会社に仕立てたすげえ経営者ではあるのだが、当時の俺のイメージはネットの胡散臭《うさんくさ》さを凝縮したような人物でしかなく、正直めんどくさかった。それでもCAMPFIREの機能が自分が使いやすいように改善されるのならば儲けもの、ぐらいの考えで、翌月に会うことにした。

で、そこで家入社長にも役員にしたのと同じ話をした。支援する人がより楽しく支援できるためのアイデアや、FAQの改善ポイント、それから「そもそも今のクラウドファンディングって意識高いやつしか知らないじゃん。ホントはそこいらでバイトしてる兄ちゃんが面白いこと思いついて、クラウドファンディングで大金集めた！って記事が『BUBUKA』のような雑誌に掲載されるぐらいじゃねえとダメなんじゃねえの？」と話した記憶がある。

すると、その話を聞いた家入社長はなぜか、「bambooさん、顧問になってくれませんか？」と言いだしたのだ。

正直、耳を疑ったが、「お金くれるんならいいですよ」と言ったら、ホントにくれるんだと！　こんなウソみたいな安請け合いでCAMPFIREの顧問就任が決定。

こうして15年以上エロゲ畑しか知らない自分が、2015年からIT企業の顧問兼キュレーターを務めることになったのだ。

「渋谷で、IT会社の、顧問！」

その響きに自分でも思わずちょっと笑ってしまった。だってそれまでは「IT(笑)」とか言っていたクチだったから。

ただし、やるからには本気だ。自分の顧問としての立ち位置は単純明快「『エリア88』の傭兵だと思ってくれ」というものだ。経営がどうこうとか細かいことは知らねーけど、戦場では結果は出す。もちろん、先方が自分に期待するものもまったく同じだった。

第3章

CAMPFIREの中の人になる

CROWDFUNDING

TECHNIQUE TO BE RECOMMENDED

クラムボンの野音大作戦

そんなこんなでCAMPFIREに入ったわけだが、当時、自分はほぼ最年長。会社も若いが、働いてるのも若いやつばかりで、正直、言ってることもよくわかんなかった（苦笑）。こちとら10年以上、美少ゲー業界と体育会系地下ロック業界にいたおっさんである。いきなりIT用語で話しかけられてもわかるわけがない。その界隈《かいわい》にイヤな先入観があったこともあって、「どいつもこいつも意識高い系だなー」と、内心、冷ややかな目で見ていた。

若い社員は社員で、あのおっさん入れ墨は入ってるわ、金髪だわで、「なんだコイツ」と思っていたであろう。お互い苦手なカテゴリー同士。いろいろ話をしてみたが、どうもしっくりこない。そのときに思った。

「このムードを打破するにゃ、結果を出すしかない」と。

そこでまず手がけたのが、クラムボンと、声優の緒方恵美《めぐみ》さんのプロジェクトだ。

クラムボンはその独自の活動スタイルや音楽性で人気のある3ピースのバンドで、2015年には武道館公演も成功させるなど、さまざまなフェスの常連でもある。

あれは2016年の冬頃だったと思うが、クラムボンのベースのミト君から相談を受けた。彼はアニメ業界の音楽でも作家やプレイヤーとして活躍していたので面識はあったのだが、これまで音楽の話は一切したことがなく、なぜかラーメンの話しかしてこなかった。いわば麺仲間だったのだ。

「bambooさん、サシで飯行きません?」

とある日、ミト君から連絡が来た。それで浅草のホッピー通りで飯を食ったのだが、なんでも近々、日比谷公園大音楽堂(野音)で行なう8年ぶりの特別なライブがあるそうで、その現場を映画監督の岩井俊二監督に撮影してもらい、ひとつの作品に仕上げたいというのだ。

「えっ、岩井俊二!?」

自分としては、「アルバムかライブでクラウドファンディングを使いたいんです」ぐらいの相談だと思っていたので、その想像のはるか上をいくスケールのデカさに面食らったし、同時にクリエーターとしてのミト君の胆力に感嘆した。

はっきりいって当時は、武道館に出るようなバンドがクラウドファンディングを使うということをまったく想定していなかったのだが、そこは麺仲間の頼みだ。快くキュレーターを引き受けることになった。

一緒にご飯に行った後、浅草の男の娘《こ》バー「CAT EAR」に行き、そこで話をしながらクラムボン用の企画書をその場で書き上げた。聞くところによるとクラウドファンディングに対してメンバー間に温度差もあるという。だったらまずはこれ持って行け！と企画書を託した。

タイトルは「クラムボンの野音大作戦」。彼らのファン、さらには岩井俊二さんをも巻き込んだ壮大な悪巧みだ。幸いなことに自分が書いた企画書でバンドメンバーの意思統一も図ることができ、岩井俊二さんの事務所の方にも実際に会ってトントン拍子でプロジェクトをスタートすることができた。

プロジェクトページはクラムボンらしさとお祭り感が出るように設計し、ヘッダーなどの文字はボーカルの原田郁子さんに手書きでお願いした。また偶然にもメンバーの名前を数字に当て込めたので、「伊藤大助（1万1000円）」「郁子（1万9500円）」「ミト（3万1000円）」といったコースを用意し、さらに野音でのライブは8年ぶりということで「8万円」のコースを設定してみた。

結果は熱量あるファンの皆様の支援により約2700万円を調達することができ、おかげで素晴らしい野音でのライブを映像化することができた。

これ以降、キュレーターとしてプロジェクトに参画する際には自分の関わった案件の実績（数字）をまとめた資料を見せるようにした。これは自分でも自覚しているのだが、なんてったって風体が胡散臭

いので、初めて会うプロジェクトオーナーには「大丈夫なのこの人……」的な扱いをされる事もしばしば。だが、資料を見せて「今までこんな実績があります。ちゃんとやります。数字出せます」と説明すれば、たいがいの人が納得してくれるようにもなっていた。やっぱり説得力があるのは、なんやかんやで数字なんだよなぁ。

実際、CAMPFIREの顧問になってみても、「顧問」の名刺が役に立ったことはほとんどなかった（正直に告白すれば、「俺、IT企業の顧問じゃん」と自分自身に酔っていた部分も多少はあった。かつては「意識高い系のIT野郎が、どうせインタビューでろくろ回しちゃってるんだろ」とか一番言っていた自分が、インタビューでガッチリろくろを回しまっくたりもした）。もちろん自分は看板が欲しくて顧問を引き受けたわけではないが、CAMPFIREにいる最大のメリットは、国内外のクラウドファンディングの情報が集まってくることで、そこには大きな魅力があった。

そもそもクラウドファンディングを始めたのは自分が作りたい物を作れる環境を手に入れるためだったし、キュレーターを引き受けたのは成功も失敗も含めて、様々なデータが欲しかったのだ（特によそさまの看板を借りて、キュレーターを生業にする上では、圧倒的なデータの数で勝負するしかないと考えていた)。

それから自分の体験を言語化するのに役立ったのが、「講演会」や「勉強会」。やはり自分の考えを整理するためにも、人に教えるという行為は非常に有効だ。もちろん講演会に来る人はエンタメ界の人ばかりではない。「猫のいる図書館を造りたい!」とか「リタイア後にペンション経営したい」といった、自分とはまったく畑違いの人がたくさん来るなかで、わかりやすく説明するスキルを磨けたように思う。幸いバンドのボーカルをやっているせいか、しゃべるのはさほど苦手ではない。ステージ上だったらずっとMCやれって言われても大丈夫。そのあたりもプラスに働いた。

ちなみに講演会は当然、お金をいただいてやるものだが、聞くところよるとよそさまは5万円とか10万円取っているらしい。自分はそのあたりの事情をまったく知らず、「ライブハウス感覚で「3969円でいいですよ。理由? サンキューロックンロールです」とか言ってたのでちっとも儲からなかったけど、それ以上に自分の考えをまとめるというリターンを得ることができた。

緒方恵美、声優デビュー25周年プロジェクト

２０１７年５月にスタートした声優の緒方恵美さんの「緒方恵美、声優デビュー25周年記念企画」も、自分としては情報や経験値がハンパなく得られたプロジェクトだった。

緒方恵美さんはテレビアニメ『新世紀エヴァンゲリオン』の碇《いかり》シンジ役や、『幽☆遊☆白書』の蔵馬役など数多くの作品に出演している日本を代表する声優であり、アーティストだ。もともとクラウドファンディングに興味があったらしく、Ｔｗｉｔｔｅｒ上で「どなたかクラウドファンディングに詳しい方いますか?」という呼びかけをしていた。

俺もそのツイートは知っていて、「何かあったらお手伝いできるかなー」くらいの気持ちで眺めていたんだけど、俺より先に反応したのが、ＣＡＭＰＦＩＲＥの家入社長。

「ウチでやります！」みたいなことを言って、その後、社内Slack（ビジネス用のメッセージアプリ）に「緒方さんと知り合いの方、いませんか？」との呼びかけがあったので「そりゃ、俺だろうよ」と手を挙げることになった。知り合いも何も、自分と緒方さんはレーベルも同じで仲良くさせてもらっていた。ウチのゲームにも役者として出てもらっているし、レーベルのイベントでご一緒することもあり、CAMPFIREに話が来た時点で、俺がやることは必然みたいなもんだったのだ。

緒方さんに会って話を聞くと「デビュー25周年という節目の年にアルバムを出したい」という。だが、まずは現在のアニメ文化が置かれている状況の話になった。

昨今、日本のアニメ文化が海外でも広く人気を集めているのはご存じのとおりだ。実際、フェスなどで海外に行くと、本当に現地のファンの熱量はすさまじい。だが、海外のファンが日本製のアルバムなどを入手するのは簡単なことではない。まず、輸入品だから関税がかかる。要するに値段がめちゃくちゃ高くつくのだ。地域によってはは現地のファンの収入レートからするとまったく手が出ない代物になってしまう。その帰結として海賊品が跋扈《ばっこ》するのだ。

彼らとて、何も好き好んで海賊品を購入しているワケではなく、むしろ、本当は正規品が欲しいのだ。こうした状況は正規品が欲しいのに買えない海外ファン、海賊版が売れても1円も還元されないアーティスト、双方に不幸である。そのあたりをクラウドファンディングでなんとかならないか、と緒方さんは考えていた。

違法ダウンロードに散々、苦しめられていた自分としてはとても他人事とは思えず「よし、お引き受けしましょう！」とキュレーターをやることになった。

ただ、当時は（今もだけど）日本と海外で同日、もしくは近い時期に新作のアルバムを届けるのは難しい状況があった。日本では出荷して、工場から問屋に行って、そこからお店に行って……という流通経路となるのだが、海外だと、例えば船便なんかになると、もうそれだけで下手すると1ヵ月以上もかかってしまう事だってある。

これをクリアするには、こうしたタイムラグを見越した制作、流通を考えなくてはならない。しかも緒方さんのファンはそれこそ世界中にいるのだ。「これは大仕事じゃん」と思った。

国内の資金調達はCAMPFIREでできる。では海外はどうしようか。そのとき、ちょうど国外向けに日本のアニメ、漫画、ゲーム、音楽などの情報発信を行なったり、商品を通信販売していた「Tokyo Otaku Mode」の中に「Tokyo Mirai Mode」という、海外での資金調達、日本から海外への配送のできるサービスが始まっておりそこにお願いすることにした（Tokyo Mirai Modeは現在はサービス終了）。

といっても同時にプロジェクトを立ち上げることは難しいなと思っていた。海外だけサクセス、日本は未達成なんてことになったらアルバムの制作はできない。そこで、まずはCAMPFIREでプロジェクトを立ち上げて、そこがうまくいったら海外のプロジェクトにスイッチ、という順番にした。

緒方さんはクラウドファンディングを使うのが今回、初めてだったが、それは緒方さんのファンも同様で「クラウドファンディング？　名前は聞いたことあるけど……」という人ばかりだった。もともと緒方さんはツイキャスなんかに積極的なタイプのアーティストではなかったが、今回のプロジェクトはご本人の意向が強いものだったので、そこはあえてツイキャスで、ご自身の言葉で話してもらうことに注力した。もちろん緒方さんはアーティスト、クラウドファンディングの説明のプロではないので、そのあたりは俺が担当した。このツイキャスは3、4回行なったのだが、ファンを巻き込むプロジェクトのカラーを出すことができたように思う。

自分がキュレーターを引き受けた場合、必ずプロジェクトオーナーに確認することがある。それは「で、このプロジェクトにご自身はどれだけの金額を出すことができますか？」だ。「一緒に作る」と銘打つのであれば、多少なりとも身銭を切ってもらったほうがその言葉に嘘がなくなるからだ。そこで緒方さんに確認をしたところ、さすがはMr.女性声優！　男気あふれる金額を用意していただけるということで、そのあたりからもこのプロジェクトに対する並々ならぬ意気込みを感じる

ことができた。

そもそも緒方さんはランティスというレーベルに所属する、れっきとしたメジャーアーティストだ。そんな彼女があえてインディーズでやりたいことを追求したいというプロジェクトだけに、当然、各方面にはきちんとした説明、根回しが必要だった。たまたま俺と緒方さんのランティスでの担当プロデューサーが同じ人物で、そのあたりを説明したところ、当時のランティスはランティスで海外ファンへの販路が弱いことを感じており、今回の緒方さんのチャレンジを快く応援してくれることになった。もちろんアルバムの国内における一般発売はランティスで行なうことにして、キュレーター（と世話になってるミュージシャン）として仁義も切った。当時の井上俊次社長を含むランティススタッフの懐の広さに感謝しかない。

今回、緒方さんがリリースしたいアルバムは自身が関わってきたアニメの楽曲のカバーで構成されている。ということは楽曲の権利関係をクリアにするのもひと苦労だ。緒方さんがすごいのはそのあたりも自分で足を使い、きちんと交渉をしていったところ。自分の力で協力者を集め、信頼を得ることで、例えばカバーの許諾が下りにくいとされる、あるアーティストの曲なんかも収録することができた。

　緒方さんが実績も実力も人気もあるアーティストだということは言うまでもないが、それでもプロジェクトが成功するかどうかは正直、心配もあった。だが、ふたを開けてみたらスタートから90分でサクセス、最終的には目標金額１０００万円に対して支援額２５００万円達成、しかもリターンの全コース完売という大成功に終わった。

　これだけの資金調達ができたのはもちろん緒方さん自身のご尽力もあるが、ファンの熱量も高く、アーティストとファンの思惑が高いレベルで一致したというのが大きかった。

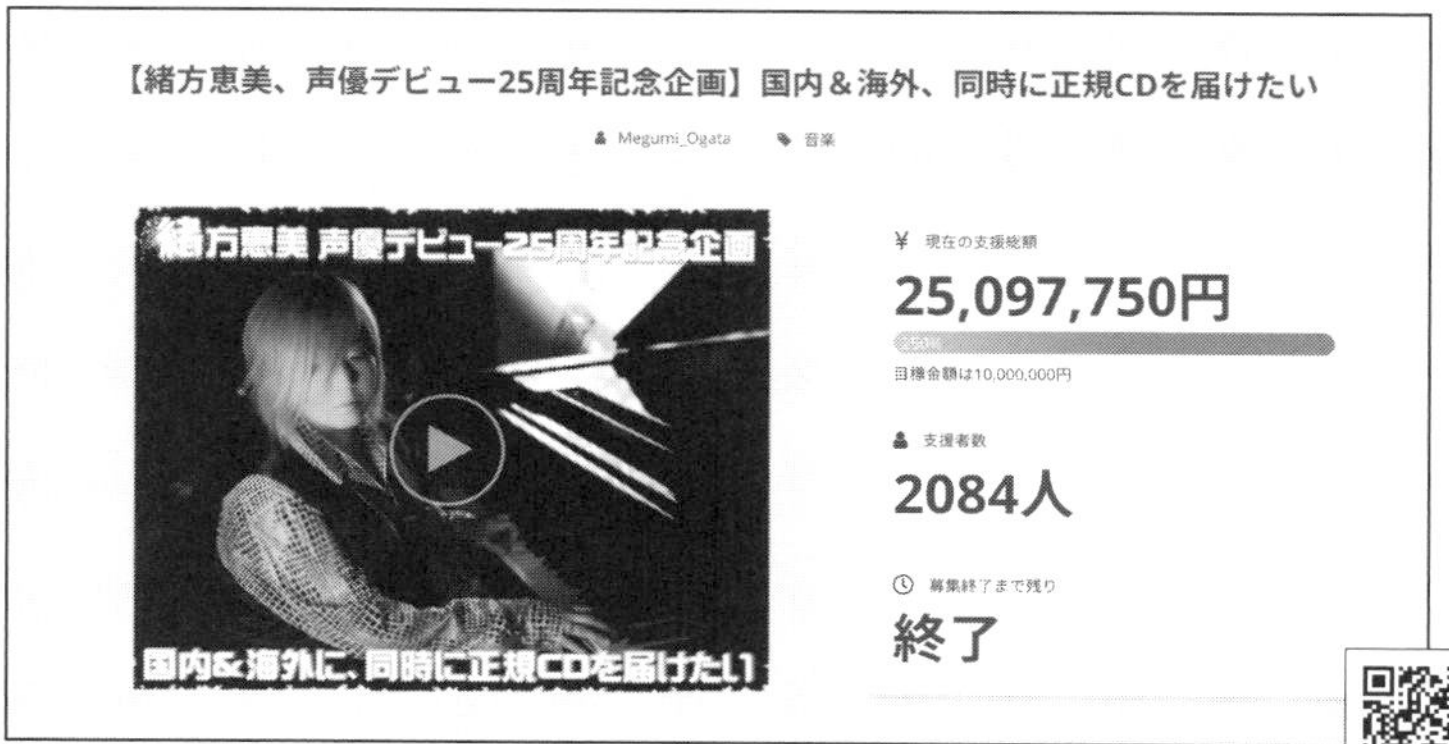

「#開封の儀」

ただ、このプロジェクトもトラブルが。国内での成功を受けて海外サイトでもクラウドファンディングが行なわれたのだが、なんと国内で支援した人たちより海外のプラットフォームに支援した人のほうが先にアルバムが届いてしまう、というケースが出てしまった。

日本のクラウドファンディングでパトロンになった人より、海外のクラウドファンディングに支援した人に先に商品が届き、しかもその情報がTwitterで拡散されてしまう。この状況はマズい。日本の支援者に不公平感が出てしまう。

そこで機転を利かせて、緒方さんにこんなコメントを書いてもらうことにした。「私のデビュー記念日の10月10日に、みんなでアルバムを開ける『開封の儀』をやって、一斉にアルバムを聞きましょう」と。そして、デビュー記念日を丸ごとそういうイベントにし、#開封の儀というハッシュタグを作り、どんどん拡散してもらった。

これにはいち早くアルバムを入手した人も賛同してくれたようで、幸いネタバレすることもなく、見事に「開封の儀」をイベント化することに成功した。おのおのが開封状況を実況してくれたことで、結果的にその日のＴｗｉｔｔｅｒトレンドに「#開封の儀」がランクインする結果となった。

この開封の儀の翌日にはランティスから国内版が一般発売されたのだが、「開封の儀」を見ていて、いいなと思ってくれた人がその国内版を買ってくれるという良い循環が生まれ、売り上げに大きく貢献することができた。

これに関しては「一般販売などせずに、クラウドファンディングで売れるだけ売ったらいいじゃん」という意見もあるが、自分としては一般販売も大事なことだと思っている。今やＣＤが売れづらい時代ではあるが、それでも音楽業界は流通や店舗など色々な人たちが関わって市場が成り立っているものだし、サブスクやダウンロード販売も含めて、販路はたくさんあるに越したことはない。そのおかげで楽曲に出会える人がたくさんいるわけだし、ファンにとっても自分が支援してできた作品がタワレコとかで売ってたら嬉しいんじゃないかな。「クラウドファンディング限定」という響きに引かれるファンがいることもわかるんだけど、そこに重きを置いた結果、一般発売の芽を摘むようなことはあってはいけないと俺は思っている。

もちろん、プロジェクトをスタートさせる前に、「この支援は、あくまでも『アルバムを作る』ためのプロジェクトです」「支援が集まったら一般販売もします」「その分、支援者に対するスペシャリティはリターンで返します」としっかり説明しておくべきだ。

たくさん支援した人には、それ相応のリターンが必要だし、そのあたりはプロジェクトオーナーとキュレーターが頭をひねり、汗をかいて納得してもらえるものを用意しなければならない。

ちなみに緒方さんの場合は直筆の手紙や、支援者と一緒にご飯を食べに行くデートプラン、打ち上げ記念パーティ招待など、ご本人が様々な工夫をして、かつカロリーを消費したリターンを実行してくれた。

この「#開封の儀」はプラットフォームの違いによるリターンの不公平感を解消し

ようと考えた苦肉の策だったが、結果的にはプロジェクトの盛り上がりを演出することができて、雨降って地固まる的な結果となった。緒方さんは影響力のある方なのでこの一件は大きなニュースとなり、各方面に与えた影響も大きかった。何がすごかったかというと、声優が単体で、クラウドファンディングを使い資金調達をする、その突破口となるケースになったってこと。

それまでも声優や、事務所もクラウドファンディングを考えてないわけじゃなかった。でも、やっぱり看板がある人ほど失敗で失うものも多くなる。お金が集まらなかったら自身のバリューが下がるんじゃないか、といった心配もある。

だが緒方さんのプロジェクト以降、そういった空気は緩和されたように思う。緒方さんのようなトップクラスの声優がクラウドファンディングで資金調達をしたことで、業界的にもこれがひとつのモデルケースになったことは間違いないだろう。実際、これ以降、声優のプロジェクトは目に見えて増えているし、事務所の理解も大きくなってきている。それもこれも緒方さんの功績のひとつと言えるはずだ。

センチメンタルグラフティ20周年プロジェクト

CAMPFIREで顧問をするようになって、これまでと違って知り合いでもなんでもない、飛び込みで相談を寄せてくる顧客にも対応するようになった。クラウドファンディングの相談だけで、多いときで週15本以上の打ち合わせをこなす日々。正直、本業を圧迫しまくっていた。

初歩的な相談から入るものも多かったが、当然うまくいくものばかりではない。相談者とケンカになったこともある。プロジェクトの相談から実際に立ち上げに至るのは、だいたい2~3割。立ち上がらないプロジェクトの中には、「やめたほうがいいですよ」とこちらから止めたものもけっこうある。止めたのに無理くりプロジェクトを立ち上げる人もいるにはいたが、うまくいくケースはほとんどなかったように思う。

日々、忙殺されるなかで「俺はいったい何屋なんだ」と思わないでもなかったけど、一方で顧問の面白さも感じ始めていた。これまで携わることのなかった案件に関わることで知見が広がったし、CAMPFIREに部下ができたりもした。

そんななかでアニメ系の案件は権利の問題があったり、アーティスト系の案件は本人や周囲に気難しい人が多かったりして、普通のキュレーターでは対処しきれない事案も多く、そのあたりは自分が業界の人間だったため、対処の仕方などに気を使った。

2018年に担当した「センチメンタルグラフティ20周年プロジェクト」の話を書こう。1990年代後半、当時としては斬新なメディアミックスを展開して一大ムーブメントを巻き起こした『センチメンタルグラフティ』は、登場する12人の少女を次々と攻略していく恋愛シミュレーションゲームの金字塔だ。このセガサターン版が発売された1998年から20周年を迎えるのを記念し、当時のキャスト（声優）が再集結するスペシャルイベントを開催することになった。

このプロジェクトは、発起人が当時、出演していた声優さんたちご自身で、彼女たちがツイキャスでファンの方々とやりとりするなかでクラウドファンディングでイベントの資金調達をする流れになったのだが、従来であれば複雑な権利関係の処理なども、それぞれの所属事務所にご理解いただけたのは大きかった。なかには自分がかつて作ったゲームにご登場いただいた声優さんもおり、CAMPFIREの人間として事務所に説明に行ったら、「なんでbambooさんがいるんですか!」とか言われて、おかげでうまく話を進めることができた。

とはいえ、タイトルがデカいだけに積年の思いをためた濃すぎるファンも多く、加えて発起人の皆さんの熱量も高かったため、よけいに「失敗はできないなこりゃ……」と思った。

自分のところのお客さんの傾向は長年、見ているので把握できるが、今回はよそさまのコンテンツで、しかも「20年たった今も大好き!」という熱のこもったファンも多い。ゲームが発売された20年前と現在ではヲタ市場だって激変しているため、支援に対してどんなリターンが好まれるのかなど、事前のリサーチが相当、必要だった。

そこで、このイベントの公式Twitterをフォローしているユーザーを無作為に1000人ほど抽出し、彼らの嗜好《しこう》や直近半年ぐらいの行動を探ったほか、今回の企画に対するポジティブ&ネガティブなキーワードを抽出して、それをリスト化したりした。ほかにもTwitterでありがちな「ひと言ネガティブワード」をエクセルにコピペし、フォロワーが何を不安に思っているのか？なんてのもリストアップした。

もはやカジュアルなネットストーカーである。「人間追い込まれると色々やるなぁ……」と、１ヵ月間ぐらいこれを徹底してやったので、軽いノイローゼになりそうになった。

ちなみにこの〝マーケティング〟方法は誰に教わったものでもなく、気づいたらこの形になっていたから、自分は漫画『キングダム』で言うところの本能型武将かもしれない。すげえアナログな作業ではあるが、支援者が真に望むリターンを練る上では、それなりに有効な方法だったと思う（このあたりに関しては正直、自分の中でもいまだに「これが正解」という方程式が確立していない。プロジェクトによっても変わってくるだろうから、このあたりはキュレーターひとりひとりが自分で考え行動するしかない）。

このプロジェクトの一番すごかったところは、グッズやＷＥＢサイトの制作、さらにはライブの内容に至るまで、そのほとんどをプロジェクトの起案者である声優さんたち自身が考え、主体的に進めていったところだ。全員でＬＩＮＥグループをつくり、どんな小さなことでも情報共有や意見交換を欠かさなかった。プロジェクトの実施前には自ら実際にクラウドファンディングに支援して、支援者の気持ちを理解したり、手続きを体験してくれた。もちろん、皆さんほかの仕事を抱えながらだ。「あぁ、このプロジェクトを本当にやりたいんだな」という思いがひしひしと伝わってきて、彼女たちには本当に頭が下がる思いだった。

ただ、プロジェクト立ち上がりのときはぶっちゃけ炎上しかけたこともあった。たまたま自分が出られない場所で声優陣がプロジェクトの説明をする機会があったのだが、とあるリターンについてファンとの間にちょっとしたボタンの掛け違いが発生してしまったのだ。もちろん、イベントにかける思いの熱さは声優さんもファンも同じなのだが、プロジェクトの説明は本来、声優さんの仕事ではないので、こうしたことはたびたび起こりうる。

その後、古参のファンの方たちがＳｌａｃｋを使って、あーだこーだと議論を始めたのだが、そこは20年選手のガチヲタの皆さんなので、かなりの〝ストロングスタイル〟になりつつあった。俺もしばらく見守っていたんだけど「こりゃラチが明かない」となって、自分が方々から怒られるの覚悟でＳｌａｃｋに介入させてもらった。そこで実際にファンとやりとりをしながら、現状の問題点と解決方法、落としどころを模索し、リターンの変更などを加えた。もちろんＳｌａｃｋの意見だけ聞くのは不公平になるから、Ｔｗｉｔｔｅｒなんかも利用して広く意見を集め、「交通整理」をした形になった。

紆余《うよ》曲折を経て、声優さん方もファンの意見を取り入れながら誠心誠意、リターンを考えてくれた。その目玉は最も高額なコース（20万円）の「ＳＧガールズからあなたへ心を込めた直筆ラブレターと読み上げデータ」である。

推しの役者から直筆でラブレターもらえたらヲタ冥利に尽きるではないかという部分と、『センチメンタルグラフティ』のキーワードである「切なさ」みたいなモンをなんとか組み込めないかと実装したこのリターンは、なんと読み上げボイス付き。俺なら死んだとき、墓に入れてもらうアイテム筆頭候補に入れるだろう。ほかにも、当日イベントに参加できないファンにも、声優さんらが気を配ったリターンを設計してくれた。

ほかに面白いものでは「支援者によるロケ弁のデリバリー」も用意した。これは過去にキュレーターを担当した声優の榎本温子ちゃんのプロジェクトで実際に行なったリターンで、意外にコストがかかる現場のケータリング（ロケ弁）を支援してもらい、お礼に動画や弁当に支援者の名前が入るというリターンだ。もとは韓流ファンの間で流行っていたらしく、今回のプロジェクトでも参考にさせて頂いた。

そんなかいもあり、プロジェクトはなんと開始9分で支援金1000万円を超え、最終的には3400万円を超えることに。イベントは大成功した後に映像化され、支援者達の元へ素晴らしい思い出として届けられた。

声優さんだけでなく、原作のスタッフ、当時のプロデューサー、キャラクターデザインの甲斐《かい》（智久）先生ほか、このプロジェクトを形にしようと多くの人が尽力してくれたおかげで、結果は大成功に終わった。20年前のタイトルのイベントを今も待ち望んで、それを形にしたファンと当時のスタッフ、キャスト。うらやましいを通り越して、同じゲームを作る人間としては嫉妬モンの素晴らしさだった。自分も当日、会場で色々な人からお礼を言われ、その時はこっぱずかしくて「おおよ!」なんて応えてたけど、「こちらこそありがとうやで……」と心の中でずーっとお礼を言っていた。

支援者と直接〝詰める〟ということ

『センチメンタルグラフティ』のプロジェクトでは、クラウドファンディングにおけるＳｌａｃｋ活用の有用性（ファンとじかにやりとりをする）に手応えをつかんでいた。やはりファンが欲しいものは、ファンに直接、聞くのが一番だ。

そこで２０１９年にスタートしたゲームメーカー「ＣＩＲＣＵＳ」の20周年記念「Ｄ．Ｃ．～ダ・カーポ～Ｓｕｐｅｒ　ＬｉｖｅⅡ」のプロジェクトのときも、Ｓｌａｃｋで支援者たちに事前に質疑応答をした。「＃イベントへの質問」「＃ストレッチゴールについて」「＃リターンについて」など、あらかじめ目的ごとにチャンネルを開設し、意見を求めやすい工夫もしてみた。当時、Ｓｌａｃｋの参加者はなんと５００人。Ｓｌａｃｋに５００人って！　こうした熱を持った人たちと直接、やりとりするのは、こちら側もかなりのカロリーを使うことになるが、なんといっても、この５００人は支援者になりえる人たちだ。彼らと直接、議論を煮詰め、寄せられた意見をベースにリターンを設定すれば、よりサクセスの確率は高くなる。

結果、このプロジェクトも目標金額3000万円に対して5000万円以上の調達ができ、20周年のお祝いにふさわしいイベントを開催することができた（ただし、CIRCUSの担当プロデューサーのくりた君は過労で屍《しかばね》のようになっていたのを付け加えておく）。

リターンに関しては、プロジェクトの起案者が「これならファンが欲しがるに違いない」と思ったものでも、いざファンと議論をしてみたら全然、照準が合っていなかった、なんてことも少なくない。その点、事前にプロジェクトに興味がある人を募って議論をすれば、そうしたことも避けられるし、プロジェクトの質を上げることにもつながる。

さらにプロジェクトの開始前に支援者たちの疑問を解決できれば、FAQに掲載できるので支援障壁も下がりやすいし、同じ内容の質問に対応するカロリーも減る。まさに良いことずくめなのだ。

かつて、自社の商品開発でメッセンジャーバッグを作ったことがあった。自慢がてらニコニコ生放送で商品サンプルを見せびらかしていたら、視聴者から「防水機能をつけてくれたら買うんだけど」との反応があった。「いやいや、それ実装したら値段上がるからな！」と言ったら、それでもいいという。モノづくりにおいての〝売られたケンカ〟はなるべく買う主義なので、そんな感じであれこれリクエストに応えていった結果、1万5000円ぐらいで販売する予定だったバッグが、2万5000円ぐらいになってしまった。「これで売れなかったら会社潰れるぞ。そーなったらIPアドレス探って、おめーらの家、一軒ずつ回って文句タレてやるからな！」って言ってたんだけど、結果は数千個単位で爆売れ。ニーズに応えて作れば、値段が上がっても買ってくれるんだなって思ったし、議論してるときの〝悪巧み感〟は

ギターのストラップピンがついたメッセンジャーバッグ。お手持ちのギターストラップに換装できる

何より楽しい。結局、人が好きなことにお金を出す感覚って、他人には絶対に理解できない。だからこそ、支援者と直接、詰めることが大事なのだ。

ここまで紹介したもののほかにもたくさんのプロジェクトに関わってきたけど、印象的だったもの、知見として得るものがデカかったものをいくつか紹介したい。

シンガーソングライター山本紗江　CD&MV制作プロジェクト

CAMPFIREでキュレーターを引き受ける際、すでに名前の売れてる人だけでなく、これからの人の案件をやってみたいなと思っていた。だって、どんな人でも使えるのがクラウドファンディングの良いところだからだ。そしてプロジェクトでは、一般的にはまだ無名でも、クラウドファンディングがアーティストのセルフプロデュースのツールに十分なりうることが証明できたように思う。

山本紗江は、俺の〝イングレス（位置ゲー）仲間〟なんだけど、ツイキャスをやっても視聴者は常時、50人程度のアーティストだった。だが、そんな彼女がクラウドファンディングで資金調達して新曲を作り、著名なアレンジャーを使ってCDを出したいという。そこでキュレーターとしてまず、彼女に言ったのは、「ツイキャスで常時、視聴者が100人を超えるまではクラウドファンディングはやっちゃダメ」と「配信時に胸の谷間見せるとか、女の武器を使うのは絶対NG。トークと歌だけで勝負すべし！」というもの。それに対し、彼女はこちらの条件をしっかりクリアしてきた。当初は視聴者も少なくてハラハラしたが、連日、弾き語りや料理をしている様子を配信し、彼女は自ら自分の「ドラマ」を構築していった。「継続は力なり」とはよく言ったもので日に日に視聴者も増えていった。

最初に「女の武器を使うな」と言ったのは、配信時に下心だけで集まってくるやつは要求がうるさい割に身銭を切らないことが多いし、本当の意味での支援者にはなりづらい。言葉は悪いが、そんな客は百害あって一利なしなのでハナから無視するに限る。また、配信媒体を「ツイキャス」と指定したのは、配信において自分が重要視しているのが、最もわかりやすい人気の指標である「常時接続者数」だからだ。今はたくさんの配信プラットフォームがあるが、当時、簡単に配信できて常時接続者数がわかり、Ｔｗｉｔｔｅｒでの拡散力と密接にリンクしているプラットフォームはツイキャスだけだった。

そして晴れてツイキャスの常時接続者数が１００人を超えたところでプロジェクトをスタートしたところ、見事にサクセス。目標金額80万円に対し、約１３５万円（１７０％）を集めることとなった。「ちゃんと種をまき、しっかり下地づくりをすることで、無名のアーティストでも結果を出せる」ことが検証できた。

2019年シマネジェットフェスプロジェクト

これに関しては勉強になったとかそういうことじゃない、得るものも多かったんだけど、とにかくあまりに面白かったので書く。本当にすごいプロジェクトだった。プロジェクトオーナーであるロックバンド「ギターウルフ」のセイジさんの行動力、ムチャクチャさ、地元の人の熱量、それを取り巻くドラマと、すべてがハンパなかった。

ギターウルフは1987年から活動を続けている3人編成のロックバンドで、日本のみならず海外ツアーも積極的に行ない、世界中にファンがいる〝ロックンロールの塊〟みたいなバンドだ。もちろんそれまでもギターウルフの存在は知っていたし、活動もリスペクトはしていたものの、最初にギターウルフの制作を担当している知人から相談を受けたときは、とりたてて大ファンというわけではなかった。聞くところによるとギターボーカルの〝Mr.ロックンロール〟であるセイジさんは過去2年、地元・島根でバンドを集めてフェスをやっていたのだが、収益的には毎年、150万円ぐらいの赤字を出していたという。そのたびにセイジさんが個人でケツを拭いていたため、クラウドファンディングに挑戦して資金を集めたいとのことだった。

最初はキュレーションを引き受けるつもりはなく、代わりにニューロティカやクラムボンの案件を例にして、やっていいことと悪いこと、注意しなければならないことなどをセイジさんにレクチャーすることになった。でも、その場で話を最後まで静かに聞いてくれたセイジさんから「bamboo君、キュレーターをやってくれないかな」と頼まれてしまい、なぜか「はい！」と引き受けてしまったのだ。

そんなわけで一緒にプロジェクトを進めることになったのだが、そこではセイジさんの人間力や行動力に驚かされることが本当に多かった。自ら足を使い、人脈を使いと、恐ろしいほど機動力が高い。それだけでもギターウルフというバンドが唯一にして無二である理由がわかった気がした。そのすさまじい熱量でどんどん人を動かしていくさまを見るに、ああ、「カリスマロックスター」ってのはこういうものなんだなと自分は圧倒されてばかりだった。

そのやり方は、もう、ムチャクチャ（笑）。

プロジェクトの中盤、支援の伸びがあまり良くなく、ちょっとマズいなと思っていたので、セイジさんに「ここはプロジェクトの認知を図るために、知り合いのミュージシャンとかとライブ配信とかしたほうがいいですよ」とアドバイスさせてもらい、自分のニコ生配信などを見せたりした。するとセイジさんは「うんわかったよ！」とひと言。それから1ヵ月と経たないうちに、渋谷のクラブを押さえ、ニコ動の公式も押さえ、フェスの出演者である石野卓球さんとツーマンライブを開催していた。1ヵ月もなかったのに。

その結果、支援が怒濤《どとう》の勢いで伸びた。あまりの行動力、ムチャクチャさに俺は一発で好きになってしまった。いや、こんな人、そりゃみんな好きだよ。同じようにセイジさんを大好きな人がその後もどんどん協力してくれた。

このプロジェクトは地域密着、地元ありきのイベントだ。そこで現地視察もかねて島根に行ってみることにした。東京でセイジさんとだけ話をしていることが不安だったのと、以前、担当した地方イベントのプロジェクトで現地に行かずにキュレーションして、後にゲストとしてそのイベントにお招き頂いた際に「もっとこうすりゃよかった」という反省点が山のように出てきたからだ。

「シマネジェットフェス」は、島根県の松江市近郊の地元の方たちが運営されている。それぞれバーのマスターやラーメン屋の社長、広告代理店の人からデザイナー、商工会議所の方々など、セイジさんやギターウルフが大好きで、何よりロックンロールが大好きな人たちが集まって手弁当で開催をしていた。

豪快なセイジさんのことだ、おそらく地元で俺のことなんてちゃんと説明してないだろうなーと思い、「あのぉ、僕のこと、何か聞いています？」と地元の皆さんに伺ったら、やはり「今度さ、ロックの後輩ですごいのが行くからヨロシク！」としか聞いてなかったそうで。デスヨネー（笑）。その後は数字を交えて、イチから説明させてもらった。

会場は松江駅から離れた古曽志町という市街の住宅地にある、古墳のある公園。朝日ヶ丘駅で降りて会場まで歩いていたら、とある一軒の家から、ひょっこり全身革ジャンのサングラス姿の男が飛び出してきた。なんと、セイジさんだった。

「え？　何やってるんですか？」

「ああ、ここ、実家なんだよー」

こんなに近いんかい！　地域密着すぎる！

今回は地域密着フェスだけあって、リターンは島根の特産物を中心にセレクトしたんだけど、これもセイ

ジさんは山のように集めてきた。「セイジさんだったら協力しますよ！」という人がなんと多いことか。宍道湖《しんじ》のしじみやせっけん、米など「もはや物産展か！」ってくらいの分量で、「セイジさん、リターン多すぎっす……」と言ったぐらいだ。

フェスの打ち上げも地元の公民館で行なわれ、町内会の婦人部の方が総動員でご飯を作ってくれた。なかには外国の方もいて「さすが世界で活動するギターウルフだなぁ」とか思っていたら、革ジャンでお馴染みのルイスレザーズの社長さんだったりもした。

「こんな面白いイベントねえなぁ」と感動した。これまでキュレーターをやっていて一番熱のある案件だったし、今でも地域密着フェスとしては最高の部類じゃないかと思っている。こういうのが増えて欲しいと心底思った。

肝心のプロジェクトはＡＬＬ　ＩＮ方式で金額的には目標金額に満たなかったものの、無事、黒字で終わることができた。２０２１年はコロナの影響もあってネット開催に切り替えたそうだが、この本を読んでいるアナタ！　ぜひネットでチェックしてみてください！　セイジさんのことだから今年もきっとメチャクチャやるはずだ。

ユニークな形の足型アイストレー

ここからはアイテム編。これは皆さんご存じ、映画『犬○家の一族』で印象的な、湖から出てる足っぽい氷が作れる製氷器。仲の良いグッズを作っている会社の社長から相談を受けた際に、こりゃ面白いな、と。このネタは雑貨企画・製作レーベル「妄想工作所」の乙幡啓子さんが発案をし、株式会社キャビネットがその権利を取得して製品化しようとしたのだが、形状が形状だけに製造や量産が非常に難しいらしく、工場に何度も断られたりして、開発には数年か

形状が形状だけに開発が難航。企画が立ち上がってからようやく商品化された執念のアイテム

かったそうだ。そのあたりにロマンを感じて引き受けた。

バーでカクテルからニョキッと足だけ飛び出させたり、水ではなくでチョコを固めてケーキにぶっ刺したりと、猟奇的な画像をたくさんプロジェクトページに載せたのがよかったのか、珍しもの好きに刺さったようで、無事にサクセスすることができた。

武者パーカー

これは弊社のアパレル部門の案件。以前より海外のプラットフォームを使って、自分たちの商品が世界中の人たちにどう見えるかを知りたかったのだが、「これなら外国人にウケるな」と、最初から海外展開を視野に入れてスタートしたプロジェクトだった。当時、「Tokyo Otaku Mode」というサイトが海外向けのECのアシスト業務を立ち上げたところで、じゃあ一緒にやりましょう！となり、管理や発送なんかをお願いすることにし、サンフランシスコを拠点とするクラウドファンディングのプラットフォーム「Indiegogo」でプロジェクトを立ち上げたのだ。

普通のパーカーの布地を2着分使用し、極限まで武者感を高めた弊社のヒットアイテム

すると、これがビックリするぐらい売れた。なんと1000万円近くの売り上げがあったのだ。予想どおり支援者の98％が外国人だった。後日、ロスのイベントに行った際、このパーカーを着てくれている人を見たときはめっちゃ嬉しかった。「それ作ったの俺なんすよ！」と英語で言ったら「ハァ？」って顔されたけど（苦笑）。

これに調子こいて「パーカーの次はジャージもいけるはず！」と思い企画したのが、「NINJACKET（忍者ージ）」。これまた外国人の大好物だ。今の俺は負ける気がしねえ。

……と思ったのだが、こちらはあまり売れなかった。国内ではそこそこ売れたものの、なぜか海外でさっぱりだったのだ。悔しくて色々とリサーチをしたところ衝撃の事実が判明。なんと今の海外のオタクにとって、「忍者」のイメージは『NARUTO』なんだって。俺のイメージしてたハットリくんは、どうやら古いタイプの忍者だったらしい。所変われば品変わるですな……。ちなみに忍者ージのほうは、現在もヴィレッジヴァンガードさんの通販で買えます。よろしく候。

クラウドファンディングでのサクセスには「予算組み」「ムード」「ドラマ」「メリット」「ロマン」「客観視」の6要素が重要だと第2章で述べたが、その後、キュレーターをやって見えてきたことも少なくない。あらためてここでまとめてみたい。

・「ただ、お金を無心している」は絶対ダメ

「人からお金を集める」という行為が他人からどう見られるのか、これはクラウドファンディングをやる上で大いに意識すべきだ。エンターテインメントに携わるアーティストやタレントならばなおさらだろう。実際、「クラウドファンディングでお金を集めるのはカッコ悪い」という風潮もなくはないが、それでも工夫次第でいくらでもカッコ良く見せることはできる。プロジェクトの魅力や面白さ、さらにはプロジェクトオーナーの熱意や覚悟で、絶対に「ただお金を無心している」ように見えないように工夫すべきだ。

・欧米と日本では寄付、支援に対する考え方がまったく違う

欧米だと日本では到底、考えられないようなプロジェクトがサクセスしてたりする。「ちょっと裏庭に穴を掘りたいんだけど」といった「なんじゃそら」なプロジェクトが平気で1000万円近く集めたりもしている（実話です）。なぜかというと、こういった「酔狂」をも面白がれる文化的土壌や寄付文化があり、日本よりもはるかに分母がでかいのだ。仮にひとりが支払う金額が1ドルでも、1000人いれば1000ドルになるし、10000人いれば1万ドルになる。

日本でも年々、クラウドファンディングを利用する人が増え、理解も深まってきてはいるが、根本的に海外とは考え方が違って支援や寄付に対するハードルは高い。それだけにプロジェクトをサクセスさせるには、「ドラマ」や「メリット」、「ロマン」といった部分が必要不可欠になってくる。

・完成形を想像させる

プロジェクトで制作物（音源でもゲームでもグッズでもイベントでも）を作る場合、支援者にいかにそのモノを具体的に想像させられるかどうか、がエンタメ系のプロジェクトの肝だと思う。例えばアーティストが「新曲作ります！」と言ったら、コアなファンはそれだけで喜んでくれるかもしれないが、その情報だけでは「興味はあるけど支援するほどではないな」というファンだっているはず。そんなとき、例えば制作途中のデモ映像などを公開して、「今、ここまでできてます。この先の完成形、見たくね？」と煽れば、興味を持ってくれる支援者は増えるだろうし、デモの制作過程を含めてエンターテイメントにできるんじゃないだろうか。このひと手間で、その後の結果は大きく変わってくるはずである。

・サクセス後もサプライズを

支援金が集まった段階で満足してしまい、支援者への感謝を忘れてしまう輩も少なくない。これは絶対にダメで、リターンを届ける際に、きちんと感謝が伝わるような演出をするべきだ。それはモノじゃなくてもメッセージでもなんでもいい。要はプロジェクトに賛同してくれた支援者たちに、しっかりとカロリー使って感謝を届けてほしいのだ（実際に俺はサイン4000枚くらいなら平気で書く）。だって、その人たちがいなかったら、自分たちのやりたいことは実現できなかったのだから。ちなみに感謝の演出にはちょっとしたサプライズがあるとなおいい。例えば、ウチの場合はリターンを届ける段ボールもこだわって作っている。リターンが届いたときに、「おっ」と思うじゃないですか。それも含めて「ブランド」なのだ。もちろん、その「サプライズ」のための製造コストもリターンの金額設定に入れておくことを忘れないように。

第4章

『MUSICUS!』1億円プロジェクト

CROWDFUNDING

TECHNIQUE TO BE RECOMMENDED

OVERDRIVEの畳み方

２０１６年は自分にとって最後となるゲーム開発のプロジェクトを立ち上げる年になった。ここまでクラウドファンディングを使って資金調達をしたり、キュレーターをやってきたのはすべて、この最終目標のためだったと言っても過言ではない。そのための「修業」なのだとも思っていた。

１９９９年からエロゲ業界に籍を置き、様々な作品に関わることができた。２００１年、当時27歳で『グリーングリーン』という恋愛アドベンチャーゲームを世に送り出した頃は、世はまさに「エロゲバブル」なんて呼ばれていた。業界的にも数多くの作品が発表されたりアニメ化されたりして、ちょっとしたブームとなっていた。

ただ、ブームはいつかは終わる。この10年ぐらいで多くの同業他社が続々と倒産、廃業していくのを目の当たりにしてきた。きれいに畳めるところはまだいいが、「最近、あのブランド聞かねえな」と思ってページに行くと、「404 Not

Ｆｏｕｎｄ」の文字。それを見ては「ここもかぁ……」と暗い気持ちになったものだ。ゲーム業界に携わるなかで、この頃、ずっと頭にあったのが、弊社のゲームブランド「ＯＶＥＲＤＲＩＶＥ」の「畳み方」だった。「ＯＶＥＲＤＲＩＶＥ」は２００６年に立ち上げ、かれこれ十数年やってきたが、数々の作品やライブを楽しんでもらっていたファンの方々になんの報告もなく、突然、なくなってしまうのだけは絶対にイヤだった。自分はどんなことを考えるときにも「バンド」というのがベースにあるのだが、ブランドの終わりには当然、〝解散ライブ〟みたいなものが必要だと思っていた。

区切りをつけようと思った理由はいろいろあるけど、デカいのは体力と精神力の限界だ。若い頃は何徹だってできたが年々、開発がしんどくなってきていた。ノベル系のゲームを作る上で大敵な老眼のせいで原稿は見にくくてしょうがないし、50代を目前にがんという大病もした。そろそろ引き際なのかな……と。区切りをつけるウチらしい方法はやはり、ブランドの集大成となるゲームを出すこと。音楽にはずっとこだわり続けてきたから、音楽に携わったことのある、すべての人の心を深くエグる内容のゲームがいい。もちろん、これに必要な開発費をすべてクラウドファンディングで調達することも決めていた。

違法ダウンロード事件や自分たちを取り巻く環境など、このクソったれな状況を、クラウドファンディングという仕組みを使うことで少しでも変えていけるんじゃないかと、ここ数年間頑張ってきた。まだ業界入りたての頃、同業他社の先輩経営者やプロデューサーたちに、ノウハウ的にも資金的にもメチャクチャ助けてもらって今がある。その先輩方と同じくらいの年になった今、「自分は後輩たちに何ができるのか？」と考えたら、それはクラウドファンディングを使って〝人柱〟となることなんじゃないかと思ったのだ。

実は自分のゲームをクラウドファンディングで資金調達して市場に出す、というのは初めてではなかった。

数々のトライ&エラーのなかで、「CAMPFIREの手数料高えな」と思い、自社のECサイトを疑似的なクラウドファンディングサイトとして利用し、過去作品をリメイクするプロジェクトを立ち上げていたのだ。前述した『グリーングリーン』は

2001年に発売したものだが、対応OSがWin98・Me・2000ということもあって現状のPC環境でプレイすることは年々難しくなっていた。そんななか、当時の原画を担当した片倉真二（現在は漫画家として活躍中）が、新たに描いた原画をドサッと持ってきて、「これリメイクしようよ」と言ってきたことで、「よし、やろう！」となった。

これは商売というよりかは、「今の人にもこの作品を遊んでもらいたい」という気持ち的な部分のほうが大きかったのだが、当然リメイクなので開発コストは新規で立ち上げるよりもずっと安い（絵の差し替え、曲の一部差し替えだけになるため）。また、支援する側もリメイク作品なので「どういった物が作られるか？」という部分においては不安が少なかったように思える。

最終的にこのプロジェクトは2500万円を超える支援を集めることができ、無事、皆様の元にリメイク作品をお届けすることができた。当時のクラウドファンディングはまだまだ市場規模も小さく、CAMPFIREでも数百万円いけば「すげー！」となるレベル。1000万円を超える案件はわずかひと握りという時期だった。だから疑似的な物ではあるが「クラウドファンディングによるゲーム開発」で何千万円と集めたのは、これが日本初のことだったはずだ。この経験は、大きな手応えとなって、自分の〝最終目標〟にも生かされることになった。ちなみにこの作品は現在も購入可能です（この機会に買ってね！）。

天啓

さて、「OVERDRIVEの畳み方、どうすっかなぁ」と考えていた2016年春のこと。シナリオライター、瀬戸口廉也から10年以上ぶりにひょっこりと連絡が来た。

瀬戸口は、弊社のゲームで最も売り上げた『キラ☆キラ』（2007年発売）のシナリオライターだ。『キラ☆キラ』はライブハウスで衝撃を受けた少年がヒロインたちと出会い、バンドを組みハイエースに乗って全国を旅してロックする物語で、弊社の代表作でもある。ここで瀬戸口はそのメインライターとして素晴らしい脚本を書いてくれた。この作品は現役ミュージシャンにもファンが多く、また当時この作品をプレイしてバンドを始めた人も多かったので、個人的にもかなり思い入れのあるタイトルだった。

そんな瀬戸口が「お久しぶりです。『キラ☆キラ』の続編、作らないんですか」とメールを入れてきたのだ。余談だが、この10年で瀬戸口を名乗る偽者から連絡が来たことが2回あった。そのときは「じゃあ、お前の本名教えて」と返したらレスがなかったので偽者認定したのだが、今回、聞いたら本名が返ってきて、めっちゃビックリしたのを覚えている。

「続編作らないんですかじゃねえよ、この10年何やってたんだよ」と思いながらも、会って話をすることに。久々の邂逅《かいこう》は浅草の居酒屋だった。

「今、OVERDRIVEはこんな状況でさぁ」と近況報告しつつ、あーでもないこーでもないと10年の時間を埋めるように色々話をした。そのうち『キラ☆キラ』の話題になり、その後継作を作るんだったらみたいな話になったときに、「あのさ、ウチの最後の作品を書いてくれないか？」と思わず口から出ていた。

自分がゲームを企画する際に、一番大事にしてきたのは「衝動」だった。これまでたくさんのクリエーターと仕事をしてきたが、「コイツ、天才じゃねえかな……」と思う人物と仕事をしてきたときが一番楽しく、そして結果が出てきた。そりゃ苦労もメチャクチャするけど、それを差し引いてもエッジの効いた作品を作り出すクリエーターと仕事をするのは楽しかった。

その点、瀬戸口の描く世界観は独特で、読み進める人の心に文章が鎖のように絡みつき、最後はその鎖で心臓までをも締めつけてしまうほどのピーキーな文章を書けるライターだった。

「ここで瀬戸口と再会できたのは天啓かもな」

と思った。最後の最後に美少ゲーの神様がちょっとだけ微笑んでくれたのか。そして「瀬戸口が描く世界観で、『キラ☆キラ』のその後を読みたい」と思ってしまった。

俺自身が、どうしようもなく彼の文章のファンだったのだ。

ただ2007年に『キラ☆キラ』が発売されてからすでに10年以上が経っていた。

今さら昔の作品がリバイバルしたところで、そのゲームがどれだけ売れるかはわからない。だからこそ先に予算が用意されていて、制作費の心配がない環境をつくる必要があった。

「心配すんな、俺がなんとかすっから！」

そう、瀬戸口を口説いた。

クラウドファンディングを使って開発費を集めることで、多少売れ行きが悪くても、また再びクソ違法ダウンロードにやられても、昔のような倒産危機にはならないはずだ。昔の俺とは違う。色々な経験もした。数年前にとてつもなく甘くないプリンを喫茶店で食っていた自分に勝つのだ。

ここに弊社ブランド「OVRDRIVE」最後の作品、『MUSICUS!《ムジクス》』（当時のタイトルは『MUSICA!《ムジカ》』）の開発プロジェクトが立ち上がった。シナリオはもちろん瀬戸口。キャラクターデザインと原画には大変、ありがたいことに人気原画家のすめらぎ琥珀《こはく》氏が引き受けてくれることになった。ブランドの集大成にふさわしい、バリューのある作家陣となった。

小説1冊分をタダで遊んでもらう

クラウドファンディングを用いてゲームを作るにあたって一番最初に考えたのは、「まずは体験版を手に取ってもらい、遊んでもらおう」ということ。実際に手に取り、お客さんに遊んでもらった上で「その続きをやりたい」と思ってもらうことが支援につながると思ったからだ。逆に面白がってもらえないようであれば、それは今の時流や応援してくれてる人に刺さらないモノだったってこと。だったらまた作り直せばいい。

クラウドファンディングはまだ形のないモノにお金を出してもらうシステムだ。「こんなことしたいからお金ください」っていうのは、それだけ聞くとめっちゃ図々しい。なぜならオーナーが支援者に頼りっきりだからだ。正直、それってフイフティ・フィフティじゃない。プロジェクトオーナーが身銭を切って、「今ここまではできてます。この続きを作るのにお金を集めたいです！」という姿勢じゃなければフェアとは言えないはずと思っていた。

実際、当時あったクラウドファンディングのゲーム系開発支援のプロジェクトの多くが、キャラのイラストと簡単なあらすじ程度で資金調達をしていた。自分もいくつか支援をしたのだが、「それがどう面白いのか?」が多くのプロジェクトページには記載されておらず、支援というよりかはバクチに近い感覚だった。

自分が作るならば、体験版のキャラクターは線画でいいし、背景やBGMも過去作品の流用で十分。そこは割り切った作りでいい。ただし、「どんなシナリオなのか」「どんなキャラクターが出るのか」「そいつらがどんなことを巻き起こしていくのか」についてはしっかりと打ち出さないといけない。支援者に作品の熱がしっかりと伝わる「ゲームのモック」を作ろうと思ったのだ。

『MUSICUS!』の体験版は、内容の「起承転結」の「起」の部分を丸ごと遊べるようにしてある。だいたい小説1冊分。シナリオの1/10をタダで遊ばせてしまうという太っ腹仕様なのだが、これを手に取ってもらえれば、きっとその先が気になって支援してもらえるはずだという確信はあった。

掟破りのストレッチアップデート

ゲーム開発というのはたいてい、長期にわたるものなんだけど（にしてもこのとき、さすがに2年かかるとは思ってなかった……）、あーでもないこーでもないと作家陣らと話し合いながら体験版をシコシコと作っているなかで、さて、このプロジェクトの発表はどうしようかという話になった。

ちょうどOVERDRIVEの活動10周年を迎えるということもあり、せっかくだからウチらしい思い切ったライブをやりたいと思っていた。その場で『MUSICUS!』の発表をしよう！ということになった。このときは勢いだけの思いつきではあったが、過去の弊社タイトルを歌で彩ってきたシンガーの方々や、長年milktubで一緒にやってくれているミュージシャン、さらには優秀すぎる裏方の制作チームの皆さんがいたので怖いものはなかった。

資金は当然、クラウドファンディングで調達することに。このプロジェクトは

2016年12月23日にスタートし、最終的に1800万円くらい支援をいただくことができた。このときはプロジェクト中盤のいわゆる中だるみしがちな時期に、ブーストをかけるための秘策を用意していたのがデカかったように思う。

当初、セットリストにある曲を集めた3枚組みのアルバムをリターンに用意していたのだが、支援金が1000万円を超えた段階で支援者たちに「ごめん……3枚組みのアルバムなんだけど、あれやめるわ……」と神妙な面持ちで独白したのだ。すると当然、支援者たちは「あぁ?? てめえナメてんのかこの野郎!」「前言撤回すんのか、恥豚め!」となったのだが、そこですかさず「やっぱ6枚組みの100曲入りにするわ」と、掟破《おきて》りのストレッチアップデートをキメたのだ。このときは一番安いもので5000円の支援コースだったのだが、これが効いて支援は爆伸び。

そもそも音楽なんて、聞いてくれる人がいなかったらただのデータだ。再利用って言ったら言葉は悪いかもしれないが、これを機会に「こんな曲があったなー」「えっ、この曲知らない!」とファンに盛り上がって欲しかった。自分は経営者である前に数々の曲を世に送り出してきたmilktubのbambooだ。このときは作家のエゴ

が勝っちゃったんだよね。えへ！（とびきりキモい笑顔で）

音源以外にもこだわったリターンがある。それは高額コースの支援者の名前を提灯に入れてライブ当日にステージに飾るというもの。さらに本番が終わったらその提灯を支援者の元へ届けたら喜んでもらえるんじゃないかという思いつき企画だったが、こちらも大好評をいただくことができた。なぜこんなことを思いついたかって？　何を隠そう弊社は、雷門の大提灯がシンボルである東京・浅草にあるんですよ。

ただし、思いつきには犠牲者が必ず出るもので、ステージ制作を担当してくれた御沓純一郎氏から後に「楽しかったけどクソ程苦労しました！」と言われたぐらい大変だった模様。

確かに提灯をステージにつけて外して、また送って……そりゃ大変だわ。

「OVERDRIVE 10th Fes ～LAST DANCE～」

そして迎えた2017年の4月1日、OVERDRIVE設立記念日に当たるこの日に「OVERDRIVE 10th Fes ～LAST DANCE～」がディファ有明で開催された。もちろん『MUSICUS!』プロジェクトの存在を発表をするという重要な日でもある。

イベント当日には誰よりも早く現場入りして、当日に歌唱してもらうシンガーたちに手紙を渡し、お花を人数分用意した。制作の裏方さんチームにはイベントオリジナルのスタッフジャージを作り、さらに関係者全員にOVERDRIVEのロゴが入ったどら焼きをお土産で進呈した。今回のライブにおいて自分は出演者ではない。あくまでメーカーの代表なのだ。おそらくメーカーとしては最後になるであろうこのステージ、開演までは演者や裏方チームが気持ちよくステージに臨めるよう、できることに全力投球しようと思ったのだ。

ちなみにこの公演のためにリハーサルは4日間やったのだが、演者、ミュージシャン、裏方さんたちのロケ弁にも気を配った。初日：崎陽軒《きようけん》のシウマイ弁当→2日目：蒲田 鳥久の幕の内弁当→3日目：オーベルジーヌのカレーときて、リハーサル最終日のゲネプロは自分でも食ったことのないような1個5000円のステーキ弁当を用意したのだ。（普段だったら絶対やれないけれど、最初に予算があるからできる荒業である）

俺は日本のエンターテインメント業界では氣志團の翔やん（綾小路翔）を尊敬しているのだが、彼が主催するフェス「氣志團万博」の、出演アーティストたちに対するおもてなしっぷりが異常なほどのレベルでそれを参考にさせてもらった。やっぱり飯は重要なんですよ。関わる側からすると、そのイベントがイケてるかどうか、そこで判断されちゃう部分もあるし。

当日のステージでは、出演者たちから「出ればいいじゃん」「なんで出ないの？」と言われたが、かたくなに断った。だって自分が出ちまったら、特等席で見られないじゃん。OVERDRIVEを立ち上げて10年という歴史を詰め込んだイベントに自分がステージに演者として立つのは自分で許せなかったのだ。そんな俺の気持ちをくみ取ってくれた演者たちが、ステージでは素晴らしいパフォーマンスを見せてくれた。一緒に組み始めた頃はシンガーのくせに「ライブ嫌い」と抜かしていた長年の戦友であるボーカリストA・i・R・Iが立派にヘッドライナーを務めてくれて心底嬉しかった。

そしてこの記念すべきイベントのアンコール前、ついに新作ゲームを作ること、そのシナリオを瀬戸口が担当することを発表した。新作の発表以上に、瀬戸口の名前がコールされた瞬間、会場にどよめきが起こった。正直、こちらの想像以上のリアクションだった。彼の作品がOVERDRIVEからリリースされるのを待っててくれる人がこんなにもいたのかと袖で見ていて興奮したし、感動してしまった。

会場のディファ有明はキャパが1800人くらいなのだが、このライブはその半分の900人くらいの人がクラウドファンディングで支援してくれ、残りの700～800人がその恩恵を受けてタダになるという変則的なシステムだった。タダで来てくれた人は、ほかの人の支援でライブを見ることができるのだが、実際に気合いの入ったライブを目の当たりにして「タダで帰るのは悪い」と思ってくれたのか、物販をメチャメチャ買ってくれた。実際、ライブ終わりに売上金を運んだんだけど、「今の俺に近寄ったやつはすべて滅する！」ぐらいにピリピリする金額だった。

最終的にクラウドファンディングの支援金と物販売り上げから経費を差し引くと、このイベントの収支はほんの少しだけ赤字になった。でも、新作のプロモーション費と考えれば安すぎる出費だったし、その金額でこれだけのイベントが打てたのだから、結果的に大成功と言っていいだろう。

4. 『MUSICUS!』1億円プロジェクト

自社の10年の歴史を、音楽と公演という形で締めくくる最高のショーを作ることができた

サクセスへの下準備

こうしてOVERDRIVEの最後となるタイトルを発表した。あとは支援したいと思ってもらえる作品を作るしかない。もう後には引けないのだ。このライブを機に、より腹が決まったと思う。

集大成となる今回のゲーム、どうせやるなら、今の時代に即したプロジェクトにしたいと考えていた。例えばプロジェクトスタートと同時に発表する体験版。われわれが使っていた「ゲームの体験版をダウンロードさせる」という方法は今の時代のユーザーにとって、とっくに前時代のものになっている。実際、「ダウンロード↓インストール↓プレイ」というのはユーザーにとってやるべきことが多くなり、それが支援障壁となる可能性もある。だからできる限り、少ない手順でゲームを試してもらいたかった。今の若者はスマホのゲームでもインストール長いとやめちゃうらしいですからのう……（遠い目で）。

そこでHTMLファイルで動き、ブラウザ上で遊べるものや、Twitter上で動く体験版を作り、なるべくたくさんの人に触れてもらえるよう準備を進めた。ティラノスクリプトというノベルゲームに特化したスクリプトを使ったんだけど、開発者の皆様にはマジ感謝しかない。これによって、ノベルゲームというちょっととっつき難いジャンルのゲームを「興味を持つ→その場で試す」ことが可能になった（結局、体験版はダウンロード版、ブラウザ版どちらも用意したんだけど、3：7くらいでブラウザ版を遊ぶ人が多かった。やはり手順の少なさ、そして時代がブラウザ版だよ、ってことだったのだと思う）。

ノベルゲームの制作は過酷だ。作品によっては複数のライターを起用する場合もあるが、『キラ☆キラ』では瀬戸口がすべてひとりで書き上げた。だからこそ彼独特の世界観で統一することができるのだが、それだけにものすごく時間がかかる。小説換算でおおよそ10冊分を1本のゲームに詰めなければならないのだ。「その間、生活や金の心配はするな。ただ書きたいものを書いてくれ」と瀬戸口には声をかけたが、まだ本当に商売になるかどうかは見えていなかったので、この期間の開発費は全部、身銭を切っていた。今だから書けるが、虎の子の定期預金を切り崩したりもしていた。

自分は瀬戸口の関わったPCゲーム作品のほぼすべてに音楽で参加してきてたし、『キラ☆キラ』においても素晴らしい世界をつくってくれた彼の作品の続きを心底、楽しみにしていた。なんとかこれを形にしなければならない。そのためにも絶対にクラウドファンディングで資金を調達しなければならなかった。

『MUSICUS!』開発プロジェクトの目標金額は最終的に3969万6000円に設定した。ロックンロールを描いたゲームだから、〝サンキューロックンロール〟にちなんだ。もちろんハードルは高い。最初は不安で仕方がなかった。だから支援者が本当に欲しいリターンを追求するため、毎夜のごとく、ニコ生を使って視聴者とあーでもないこーでもないと詰めに詰めた。その日に出たリターンのアイデアを自分のブログにまとめ、それを叩き台にして、次の配信でさらに議論を深めた。リターンだって立派な「モノづくり」なのだから、プレミア感や、「こだわり」を感じさせるものがないといけない。

アパレル系は長年作りつづけていたので、弊社のプロジェクトにはマストだった。「登場バンドオリジナルパーカー」はデザインもかなりこだわったが、普段使いできるように心がけた。また、グッドスマイルカンパニーさんが過去に発売した変形ヘッドフォンをMUSICUS!用にオリジナルでカスタマイズしてもらった。実はこれ、単純に自分が欲しかったのだ（だって！ ヘッドフォンに変形ギミックなんていらないのについてんですよ!? ロマンの塊じゃないですか！）。そんな己の欲求をリターンに組み込んだりもした。

変わったところだと、「劇中に登場するバンド名を君たちのバンド名にする権利」。これは10万6960円のコースのリターンなのだが「自分のバンドを好きなゲームにロゴ含めて登場させるのにこれだけ払えるか？」っていう、「バンド」を続けてやっている人たちに対する俺からのサービスと挑戦の意味もあった。

ほかにも「開発日誌閲覧権」や「劇中に登場したライブの再現チケット&バックステージパス」「打ち上げライブ視聴券」といった膨大な数のリターンが続々と決まっていった。

最終的に支援コースは、ゲーム本体だけが欲しい人向けの「ロックンロールコース（梅）」が最も安くて6960円。そこから（竹）＝1万696円、（松）＝1万5696円、（銅）＝2万696円、（銀）＝3万9696円、（金）＝6万9600円と、リターンが増えるごとに金額が上がっていく仕組みだ。だが、今回は目標金額が3969万6000円と高いこともあり、今回だけの限定グッズを多数用意した高額コースも個数限定で用意した。最も高額の「5大ロック神コース」（5名）は69万6000円。このコースには、「完成の宴in浅草参加券」や「本編スタッフロール掲載（超特大）」、「パッケージとは別に主人公の名前を貴兄に変えた特別版ディスク」「bambooご自宅宅配便」「浅草サシ接待」などの特別リターンもつけた。今、冷静に考えるとちょっとこの値段は麻痺していたと思うが、やっちゃったんだからしょうがない。

徐々にスタートが迫ってくるなか、プロジェクトページもめちゃくちゃ手を入れた。文章量が多くなり、ページを最後まで読んでもらえないのでは？という懸念もあったため、別途特設サイトまで用意した。

「なぜ自分はクラウドファンディングを行なうのか?」

「自分たちの作る作品(商品)はどんなもので、どこが面白いのか?」

「どんな魅力あるリターンがあるか」などなど。

書いては消し、を繰り返して、これだけでも数ヵ月かかった。思いの丈を全部ぶつけるつもりでわれわれの作品を世に問いたかったのだ。なんせ、このプロジェクトのためにこれまで様々な案件にキュレーターとして関わってきたのだから。

2018年当時、美少ゲー業界で、クラウドファンディングによる資金調達をしている例は少なく、まだ数件ぐらいしかなかった。ここでコケれば、「なんだよ、やっぱり美少ゲー業界でクラウドファンディングってダメじゃねえかよ」と言われかねないのでプレッシャーは死ぬほどあった。このとき、数年前の甘くないプリンの味をメチャクチャ思い出した。

代わりにワッフルを食べた。やっぱり甘くなかった。

開始31分で3960万円

２０１８年7月30日。いよいよプロジェクトスタート。記念すべき日であり、人生で有数の憂鬱《ゆううつ》な日でもあった。

それまでキュレーターとしても数多くのプロジェクトに関わってきたため、この頃になると案件ごとに「これぐらいの資金が集まるんじゃないか」と大方の予想をすることはできていたのだが、不思議なことに自分のプロジェクトとなるとさっぱり見当がつかなかった。開始直前になっても正直、お金が集まるかどうかは不安だった。

自分がキュレーターをやっているときは、たとえ自信がないときでも「俺がついてんだから大丈夫だ！」的なアプローチを常に起案者さんにしてきた。でも今回、俺にそんなことを言ってくれる人は誰もいない。

今回、プロジェクトの形態は、ＡＬＬ or ＮＯＴＨＩＮＧ形式。つまりは目標金額を集められなければゲームの制作はできなくなる。日頃、「面白くない世の中！

面白くすればいいさ!」とポジティブな歌を歌っているロックンローラーとは思えないほど、このときの腹の中はネガティブな要素しかなかった。ただ、「万が一、クラウドファンディングが失敗したとしても、このゲームは絶対に作りたい」と考えていたので、2000万円は自分でなんとか調達していた(まあ借金なんだけど)。

そして迎えたプロジェクト開始の21時。いつもどおりニコニコ生放送の番組内でプロジェクトスタートを告知し、スタートの模様を実況することにしたのだが……。

まさかの事態が起きた。開始からこちらの予想をはるかに上回るスピードで支援がじゃんじゃん集まったのである。

「bambooさん、ヤバいっす」

CAMPFIREの部下である奥村郁耶は自分の隣で、リアルタイムに支援金額を報告してくれていたのだが、あまりの支援の多さにFireballという配信画面のシステムがトラブルを起こし、支援者の名前が何度も表示されるというバグも発生していた。幸い、サーバーが落ちることはなかったのだが、システムのエンジニアたちも驚くほどの支援が短時間でこのプロジェクトに集中していた。

開始5分で早くも1000万円突破したのだが、目で見えるお金が集まるスピードに思考が追いつかない。放送中に支援してくれた人にお礼を言い続けてたのだが、システムがバグってるのに気づかないで同じ人に何回もお礼言ってた気がする。正直、このあたりの記憶はおぼろげなのだが、とにかくものすごくテンパっていた。

結局、開始から31分で目標金額の3960万円が達成。あっという間の超速サクセスだった。

「えっ？　マジで⁇」

頭の中が真っ白になり、何度も奥村に確認を取った。いやいやいや、絶対にこれはバグだ。ぬか喜びしたらアカンやつだ。

そう何度も自分に言い聞かせたが、表示されている金額は増え続けるばかりだった。

放送中に、以前在籍していた原画家の片倉真二がやって来て泣いて喜んでくれた。

俺も感極まって、ニコ生放送では思わず支援者たちに謝罪した。

「ファンのみんなの熱量をなめてた。ゴメン！」

その日は深夜3時過ぎに放送を終了して帰途に就いた。半分、放心状態で自宅に着くと、そのままベッドに飛び込み寝てしまったのだが、翌朝起きて再び、ふええええええええ〜〜〜！となった。プロジェクトページを見ると支援金はなんと6000万円を超えていたのだ。その後も数字を伸ばし続け、24時間後には7000万円ものお金が集まっていた。感情をどこに持っていけばいいのかわからなくなった。だって怖いじゃん！　こんな大金が一夜にして集まるのって！（元も子もない発言）

もちろん、自分がこれまでに得たノウハウはすべてつぎ込んだし、やれることもすべてやった。にしてもこの結果には驚くばかりだった。

この早期サクセスの要因は様々あるが、今になって考えると最も大きいのは「ムードづくりに成功した」ということに尽きるだろう。

まずは支援を考えてくれている人たちと事前にみっちりと議論していたため、彼らが十分にプロジェクトの内容を把握した状態でスタートできた。また、作りたいゲームのビジョンが体験版によってある程度、共有できていたこともムードづくりに役立ったと思う。また、自分を応援してくれているコアなファンたちは、この頃、すでにかなりクラウドファンディング慣れをしてきており、支援をしたら支援金以上のリターンがあることを理解してくれていたことも前提としてデカかった。

さらに事前のフェスで宣伝していたことに加え、過去に自分がキュレーターとして関わってきた案件の演者さん、役者さん、アーティストの方々が「ｂａｍｂｏｏがやるなら応援するよ」と、Ｔｗｉｔｔｅｒやラジオなんかで宣伝してくれたのも本当にありがたかった。おかげでブーストがかかりまくった状態でスタートを切ることができたからだ。「なんかお祭りが盛り上がってるなー。自分も一丁乗るか」と支援してくれた人も少なくなかったのではないか。

そしてプロジェクト開始から10日後の8月10日。すでに支援金は大台の1億円突破にリーチがかかっていた。自分はこのとき、キュレーターとして前述の『センチメンタルグラフティ』の案件に関わっていて、これに関するプロジェクト説明の配信をしていた。その中でうっかり「たとえ1億円突破しても、よそのプロジェクト配信中に喜ぶわけにはいかねえよな……」と贅沢《ぜいたく》な悩みを吐露してしまったところ、これを見た視聴者たちが、「じゃあ、いっとくか」と言わんばかりにジャンジャン支援を入れてくれて、結局は『センチメンタルグラフティ』プロジェクト開始前に1億円を達成してしまった。これは今回の案件がいかに「お祭り感」で動いていたかをよく物語るエピソードだなと思っている。

今では1億円超えの案件はそこまで珍しいものではなくなってきているが、当時CAMPFIREにはまだ1億円超えを達成したプロジェクトはなかったので、自分の手でそれを達成できて本当に嬉しかった。この時点でプロジェクト終了まで残り2週間ほどだったが、支援の勢いは最後まで止まることなく、連日、100万円単位のお金がバンバン入ってきた。最終日の10月17日には1日で

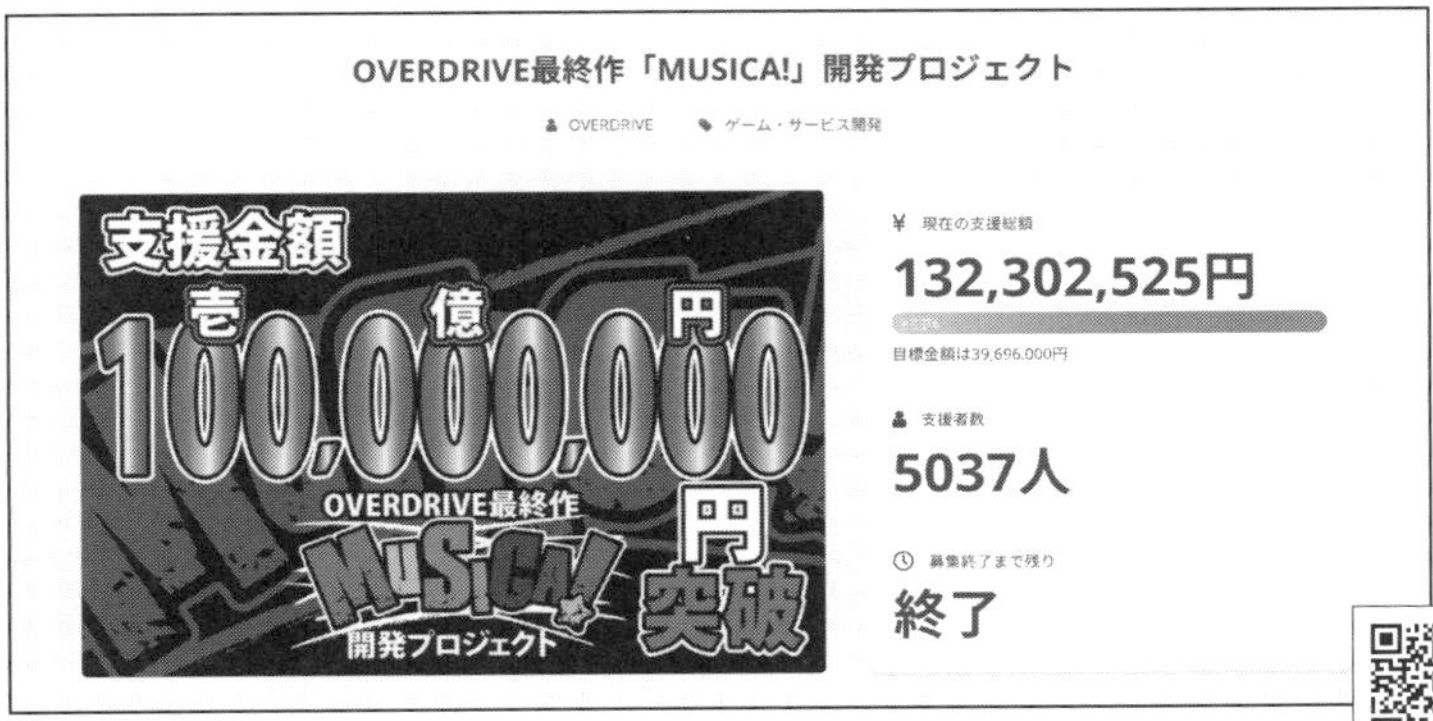

１３００万円の支援が入り、最終的に調達資金は１億３２３０万２５２５円に到達。これは２０１８年クラウドファンディング全案件での調達資金１位であるとともに、なんと当時の国内の史上最高到達額を塗り替えることもできた（それまでの記録はプラットフォーム「Ｍａｋｕａｋｅ」の電動チャリの案件で約１億２０００万円）。

開始前は「ギリ３９６９万円集まれば御の字」「贅沢言わせてもらえれば５０００万～６０００万円……ここまで集まったら万々歳だ！」と考えていたこのプロジェクト、終わってみればまさかの日本一達成で幕を閉じることとなった。

「日本一」「億を集める男」の看板はデカい。が……

この後、自分の環境もかなり変わってきた。まず、「億を集める男」として取材がめっちゃ増えた。まさか読んでいた『週刊プレイボーイ』に取材されて、自分の名前を電車の中づり広告で見ることになるとは思わなかった。

だが、それと同時に大きな責任を負うことになった。これだけのお金を先にもらうということは、当然、それ相応の結果＝支援者たちを満足させるものを作らなくてはならないからだ。また、調達資金が大きいということはその分、税金の金額も大きくなる。

悲しいことに、プロジェクト起案前は8％だった消費税だが、プロジェクト終盤、開発段階に入ったところで10％になった。ええと消費税が10％ってことは……えっ、消費税だけで1300万円持ってかれるの⁉　思わずファッ⁉ってなった。当時は浮かれていたこともあり完全にこのことは計算外だった。税金もそうだが、手数料や送料、そのほかのリターンの製造経費を考えると、1億3000万円集めても純粋にゲーム開発に使えるお金はせいぜい7000万～8000万ってところなのだ（まあそれでも十分すぎるお金なんだけど）。

実際にそのお金を使って『MUSICUS!』を作ることになるんだけど、一番の感想は、「資金があることで、とにかく気持ちがラクだった」に尽きる。本作における自分の役割はプロデューサーだ。プロデューサーは金（開発費）引っ張ってきてなんぼ、頭を下げてなんぼだと思っているが、やはり借金じゃないお金で制作できることで、とにかく精神的に余裕が持てた。具体的にその効能を書いていきたい。

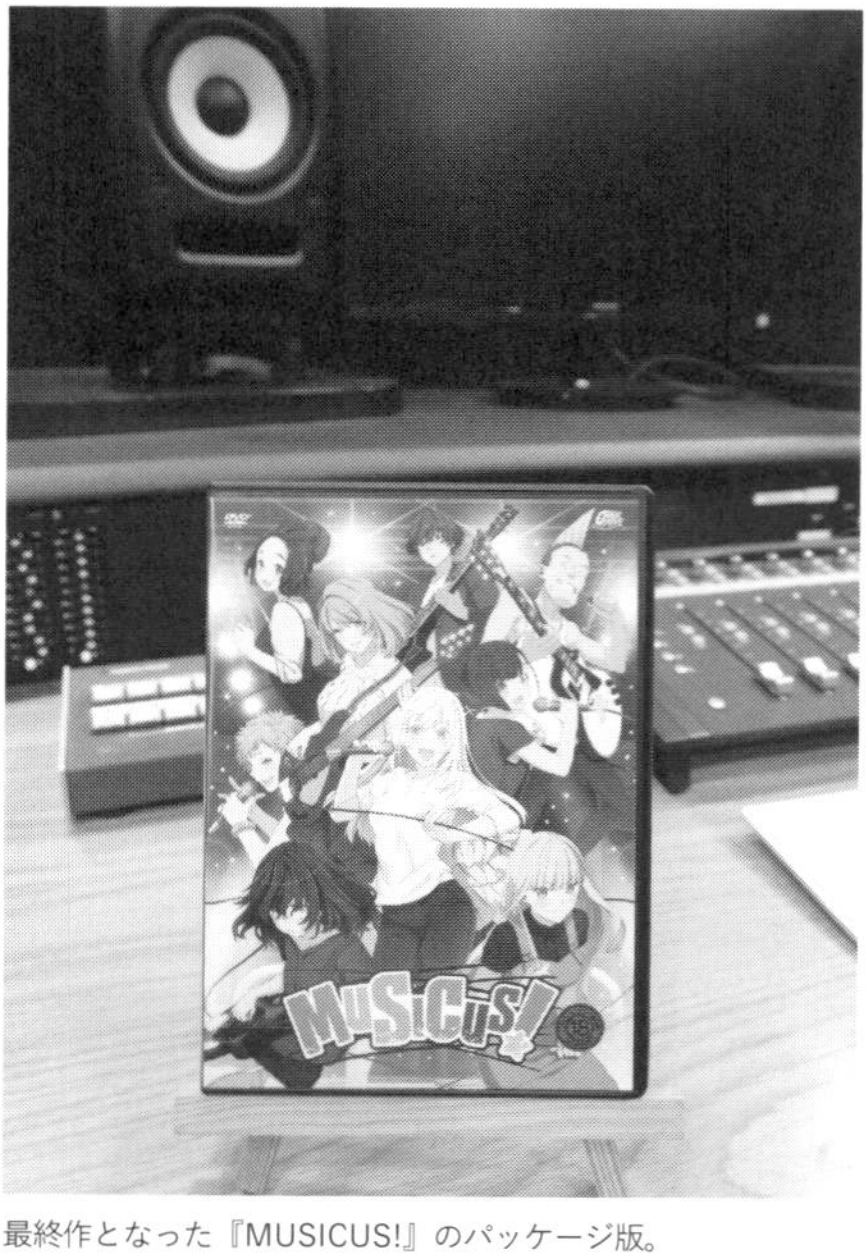

最終作となった『MUSICUS!』のパッケージ版。
このたびニンテンドースイッチとＰＳ４への移植も決定

① 不測の事態に対応できる

今までたくさんのプロジェクトを立ち上げ、キュレーターとしても数々の案件に関わってきた。そこではたくさんの問題が起こり、それを解決したノウハウを基に考えられる限りの万全の対策を『MUSICUS!』でもしてきたつもりだったが、それでもやっぱり問題は起こる！　そう「想定外」は必ず起こるのだ。実際、『MUSICUS!』の制作過程では台風を2回食らったことにより損害が出たり、会社の主要スタッフが亡くなったりもした。これらは今まで経験したことのない不測の事態だった。幸いにも当時は幾ばくかの資金的な余力があったため、なんとか対応することができた。〝万が一〟の出来事が起きても、資金があれば解決できる部分は多いということを強く感じさせられた。

② 本当に作りたいものが作れる

今回、完成したゲームは「これだ！」という出来になったと自負している。もちろん、「あそこの演出はこうしたほうが良かったかな」とか、細かいことを言いだしたら後悔が1％もないとは言い切れないけど、逆に言えば「一生懸命作ってこのレベル。だから引退するんだよ」とも言える。今回、お金が先にあって良かったことは、人の目を気にしないで、自分が作りたいものを作れたことだ。『ＭＵＳＩＣＵＳ！』は今、これが流行ってますよ、といった要素を一切、取り入れていない。自分は今回、「音楽に生きる人たちのドラマ」を描き、それを自分最後のゲームとして世に送り出したかった。もっとハッキリいえば、20年近くこの業界でやっていていまだに謎だった「萌え」とかいう概念を気にせず作ることができた。どうでもいいことは流行に任せても全然構わないけど、大事なものは自分に従いたかった。『ＭＵＳＩＣＵＳ！』という作品でそれを達成できたのは、本当に幸せなことだと思う。

③優秀なクリエーターにまっとうなギャラと環境を提供できる

資金に余裕があった今回は、良い仕事をしてくれたクリエーターに、それに見合う金額をしっかり渡すことができたのも良かった。普段なら予算的な都合で諦めるであろうポイントにも予算を割けたし、人生一度でいいから言ってみたかった「予算は気にすんな」というセリフを数回言えた（プロジェクト後半で突如言わなくなったのは言うまでもない）。

④発売後のリクープを考えなくて済む

美少ゲーの定価は大概8800円なんだけど、これが今の時流に乗ってる金額かっていう部分にすごい不安と疑問を常々持っていた。Steam（PCゲームなどのダウンロード販売などを行なっているプラットフォーム）などで売られているゲームや、販売数の多い同人のインディーズゲームの価格帯を見ていると、果たして20年前と同じ「8800円」でいいのかなぁ……と常に思っていた。そのため『MUSICUS！』については「なるべく安い金額でたくさんの人にプレイしてもらいたい」という気持ちから、その後の一般販売では値段を5500円（税込）に設定した。これも資金に余裕があったからできたことだ。

最終的に『MUSICUS！』はクラウドファンディングと一般発売を合わせて2021年6月現在で2万本以上売ることができた（ダウンロード含む）。流通の方いわく、このご時世、1万本売り上げればいい数字だそうだ。おかげで今まで縁がなかった「萌えゲーアワード2019」でシナリオ賞と主題歌賞をいただくこともできた。ありがたい話であります。

2019年12月に一般発売されたパッケージ版の売り上げは2020年3月から徐々にコロナの影響も出てきてそれほど動かなくなったが、逆にダウンロード販売が伸びている。また定額制のクラウドゲーミングサービス「OoParts」にてプレイをすることができるように提供した。これにより、長年「Windowsじゃないとダメ」という美少ゲー業界の呪縛から解き放たれ、スマホでもタブレットでもOS

を選ばずプレイしてもらえるようになった。ダウンロード版はFANZA GAMESなどで購入ができるので興味を持たれた方はぜひプレイしてもらえると嬉しい。

今後はゲームそのものというよりも、『MUSICUS!』を遊んでくれた人に対して音楽や、グッズなどで展開ができればいいなと考えている。

違法ダウンロードは今もされてはいるが、「関わった人が全員なんらかの不幸になればいいのにな」ぐらいのキュートな気持ちで今は落ち着いている。

紆余曲折あったが、クラウドファンディングでゲームを作って売るという部分では目標を達成できたし、もうやりたいことはある程度やってしまった感もある。だからここいらで引退して、今後はもっと音楽のほうを頑張っていきたいというのが正直な気持ちだったりもする。結局最後のプロジェクトは、完遂までに2年かかった。その長い期間、支援者の皆様が我慢を重ねて、『MUSICUS!』が完成するのを「待って」くれていた。あらためて支援者の皆様には感謝をしたいと思います。

本当にありがとうございました。

架空の音楽雑誌『696magazine』

想定をはるかにブッちぎった金額を調達した『MUSICUS!』だが、余剰金額は「ストレッチゴール」で設定した追加リターンに回される。

今回追加したリターンは、「書き下ろし小説」と「フリーペーパー制作」。特に前者は書き下ろしだけにお届けするのに発売から9ヵ月もかかってしまった。執筆に2〜3ヵ月、そこから校正、編集、印刷となるわけだから、どうにも時間がかかってしまう。もちろんこだわって作ったのだが、発売から9ヵ月も経ってしまうと「すっかり忘れてましたけど、今、届きました」って人がけっこういて、それは申し訳なくも思ってます。

もうひとつのフリーペーパーは、ストレッチゴールのリターンを議論する配信番組中に視聴者から「架空のバンドの話だから、架空の音楽雑誌とかは？」というアイデアが出て、それにビビッときて制作することになった。最初は送料もかからないPDFタイプも考えたんだけど、やっぱりモノを所有するというのはデジタルデータには勝てない体験だし、その価値は絶対にあると思って架空の音楽雑誌『696magazine』を紙で作った（ちなみに美少ゲーをメインに取り扱った雑誌も一時期は数多く出版されていたが、現在では片手で数える程度になってしまった。『MUSICUS!』をリリースした時期はすでに出版業界的にはお寒い状況で、各誌の出版部数を聞いたときに「それなら自分で作ったほうが効果的なんじゃねえかな……」と思ったのが作った動機のひとつでもあった）。

誌面のゲストには氣志團の翔やんや、クラムボンのミト君、ニューロティカのあっちゃん、THE GELUGUGUの皆様、レーベルメイトのGRANRODEOのおふた方、ギターウルフのセイジさん、元神聖かまってちゃんのちばぎんなど、たくさんの方にご協力頂いた。それら実在する現役バンドマンの中に『MUSICUS!』に登場するバンドがしれッと登場している力作だ。

趣味と実益が入り混じったこの小冊子。作るのはめちゃくちゃ大変だったが、『MUSICUS!』という商品を販促する際、バンドをテーマにした作品としての立ち位置をはっきり提示することができたし、そもそもほかではあまりやっていない手法でもあり、非常に効果的だった。

　タワーレコードさんにご協力を頂いて店頭にて先行配布をさせて頂いたところ、熱心なファンの方が店舗に殺到し、すぐになくなってしまった。店舗のスタッフさんの間でも「えっ、何この本？　ゲームの本なの？」と話題になり、『ＭＵＳ－ＣＵＳ！』の名前を覚えて頂く良い機会になった（さらにその後、全国の美少ゲーを扱っている店舗でも『ＭＵＳ－ＣＵＳ！』を取り扱って頂けるようになり、「お客さんがお店に足を運ぶきっかけになってくれた」と、ある店舗の営業の方に言われたのは嬉しかった）。

　これらフリーペーパーも小説も、事前に「予算」がちゃんとあったからこそできたこと。重ねて、支援者の方には本当に感謝している。両方とも『ＭＵＳ－ＣＵＳ！』じゃなきゃ絶対にできなかったことだし、制作は本当に大変だったが（途中、「二度とやるもんか」と何回も思った）、ほかのプロジェクトでは経験できない貴重な体験をさせてもらったと思ってます。

MUSICUS!プロジェクトの反省点

もちろん今回も反省点は多々あった。リターンに関しても、事前にあれだけファンの人たちと話し合いを重ねていたのにもかかわらず、齟齬《そご》が出てしまった部分もある。

今プロジェクトの最高額である69万6000円の高額コースにつけたリターン「ゲームの主人公を貴兄の名前に差し替えたバージョンのパッケージ」は、全年齢バージョンで作られている。というのも、CAMPFIREの規約上、18禁モノは出せないことになっているからだ。これに関しては、18禁バージョンで届くと思い込んでいた人をがっかりさせてしまう結果となり、申し訳なく思っている。こちらが当たり前だと思っていたことがパトロンにとって当たり前ではない、という、これまた当たり前のことを痛感した出来事だった。

それからリターンの「不思議なTシャツ」の件。当初の予定ではTシャツにタグをつけて、そのアレをアレするとあ〜ら不思議！　ゲームが大人向けな内容になる可能性が！みたいなことを考えていたのだが、とあるところから脅迫じみたことをされて、急遽《きゅうきょ》仕様を変えることになった。支援者の混乱を招いてしまい申し訳なく思っています。

加えて今回、痛感したのは、「メインのリターンを配った後に、追加でほかのリターンを送るのは、やめたほうがいいな」ということ。というのもメインのリターンが届いた段階で、支援者のテンションは最高潮になっているわけだから、その後にチマチマと別のリターンを送られてきても「熱」が冷めちゃってもったいない。熱量を落とさないためにも、リターンはまとめて送ったほうがいいと思う。

また、今回は2年にもわたる長期プロジェクトだったので、その難しさみたいなものも随所で感じることになった。２年も経てばその間に時代や時勢も変わる。要は2年前に立てた計画が2年後も通用するとは限らないのだ。そういう意味では「時間のかかるゲーム開発にクラウドファンディングが向いているのか？」という当初から自分の中にあったクエスチョンには、いまだに答えが出せないでいる。

加えて完成時期の〝遅延〟問題も反省点のひとつだ。２年前に立てた計画では「完成時期はだいたい、このあたりかな……でも延びる可能性もあるから、そのあたりは活動報告でお知らせします」とプロジェクトを立ち上げたので、本当のところを言えば決して遅延ではないのだけど、それでもプロジェクトページに「〇〇年頃、完成をめどにしています。開発状況によって変わります」と書いてある以上、その時期を過ぎれば遅延と受け取られてしまう。支援者からすれば「ECサイトでの予約販売」というとらえ方をしている方も多かったと思う。実際にクラウドファンディングは「出す金額に応じて特典が選べる事前予約販売」の側面があり、それを銘打ってしまった部分もあったのだが、このあたりは表記が難しく、今後の課題でもある。「商品購入」と「開発支援」の違いをあらかじめプロジェクトページに記載しておけばよかったかなと今にして思う。結果として、商品をお届けする時期が当初の予定より壮絶にズレてしまい、支援者の方には迷惑をかけてしまった。心よりお詫びいたします。

それから「支援者のテンション」について。欲しいモノを手に入れるときって、当たり前だけどその商品を入手した瞬間が一番テンションが高くなる。だが、クラウドファンディングはそうではなくて、たいていは「支援」したそのときが一番テンションが高い。だから支援→サクセス→入手と、時間の経過とともに支援者のテンションや熱量が下がってしまうことは仕方のないことなのだ。でも『MUSICUS!』では、それを逆にしたいと思っていた。支援→サクセス→入手と、どんどんテンションが上がって、リターンが届いたときに熱量がMAXになる、そんなプロジェクトを目標にしていた。

そのためにできることは活動報告しかない。だからめちゃくちゃ更新した。プロジェクト開始から2年の間に200本以上の活動報告を更新し続けた。

商標でもめたことや内部事情も書ける範囲でめいっぱい書いた。悪巧みに乗っかってもらう以上、情報共有は支援者に対しての義務だと思っていたし、「ゲーム開発」というドキュメンタリーをちょこっと味わってもらいたかったのだ。

残念なことだが、自分の目から見て活動報告をないがしろにしているプロジェクトは少なくない。だが、クラウドファンディングはその特性上、先にお金をもらっている。支援者からすれば当然、「本当に商品が到着するのか」という懸念は絶対に生まれてしまい、その「不安」がクレームになってしまうのだ。

だから『MUSICUS!』では月末になると「原画〇%」「シナリオ〇%」「サウンド〇%」といった具合に進捗状況を必ず報告するようにした。ほかにもリターンの製造工程や開発秘話、時にはすめらぎ琥珀にイラストを寄せてもらったり、瀬戸口にテキストを寄稿してもらうなど、支援者を飽きさせない工夫を凝らした(本当はもっと色々なスタッフに書いてもらう予定だったのだが、ほとんど自分で書いた。理由は現場の手を止めたくなかったからだ。イラスト1枚、テキスト500文字書くんだって時間はかかる。それよりも制作物に時間を割いて欲しかったのだ)。

ただ、更新すりゃいいってもんでもないこともわかった。多いときには週に3本とか4本更新していたもんだから、重要なお知らせがほかの活動報告に埋れてしまうことがあった。支援者側からするとスパムメールみたいになってしまい、「言ってたアレ、いつの活動報告に載ってたっけ……」という本末転倒な状況になってしまっていた。

その反省点を踏まえて、現在、動かしているプロジェクトでは「重要なお知らせ」「日誌」「発送関係」といった感じで、活動報告にタグをつけるようにした。支援者への進捗報告は定期的に、懇切丁寧にがマストである。

最後に「結末の見えない嗜好品《しこう》を売る難しさ」について。ガジェットなんかはスペックが告知されていて、そのとおりのモノが来ればパトロンとして文句はないだろう。ただ、ゲームは「面白さ」を買うモノで、しかもそれは人によって感じ方が違う。だから、いくら先にお金をもらっているとはいえ、ガジェットにおけるスペックのような感覚で、ゲームの面白さを担保することは、本質的に超難易度が高い。『MUSICUS!』について、俺らは当然「このゲームは面白い!」と思っているが、遊んでみて肌に合わなかった人、不満が残った人には「それは、ごめんな」としか言いようがないのだ。

ちなみにゲーム内容とともに俺が最も重要視していた要素である「音楽」も最高だと自負している。今回は主役となるのが20代のバンドなので、「20代が作る音楽」を狙って作っている。だから正直、おっさんには刺さりにくかったかもしれない。前作『キラ☆キラ』のような、ストレートなパンクロックを期待した人には申し訳ないが、あれから13年経っていて、時代も変わっている。同じようなモノを出すというのはやっぱり違うと思うし、今、この時代に俺らが集まったからこそ作れた、そんな音楽を目指したつもりだ。

数々の苦労をしつつも、この『ＭＵＳＩＣＵＳ！』というゲームプロジェクトは、企画のスタートからクロージング（２０２０年12月）までとりあえずひととおり終えることができた。まだコロナの影響で関係者との飯などできていない部分もあるが、大きなリターンは終了した。

幸いなことに美少ゲー業界の「萌えゲーアワード」で主題歌賞とシナリオ賞を頂いたが、やっぱり一番欲しいのはゲームとしての評価だったりする。その点、企画当初から自分の中で「美少女ゲーム批評サイトで平均85点」を目標に開発をしていたのだが、現時点で平均86点を頂いており、目標を達成することができた。これは素直に嬉しかった。

第5章

推される技術

～クラウドファンディング、その極意～

CROWDFUNDING

TECHNIQUE TO BE RECOMMENDED

ここまでが俺自身のクラウドファンディング体験記である。この6年間で経験した数々の成功や失敗を糧に、支援者に推される技術～クラウドファンディングの極意～をまとめてみた。

その1　まずは調べろ！

キュレーターをやっていて思うことだが、今からプロジェクトを立ち上げようってのに、ろくに情報を集めもしないで、のこのこやって来るやつがあまりに多すぎる。「ネットに疎いので」「PCは苦手だから」ではクラウドファンディング以前のところで止まってしまう。まずは自分で調べること。現在、クラウドファンディングのプラットフォームはたくさんある。プロジェクトの大半は「◯◯がしたい！」という欲求から生まれているものだから、その中にはきっと、あなたのやりたいことに近いものがあるはずだ。ひょっとしたらすでにそれを実行していたり、現在進行形で挑戦をしている人もいるかもしれない。彼らがサクセスしてようがいまいが、それはあなたにとってきっと役に立つ情報のはずだ。特に初心者はまずは既存のプラットフォームを調べまくること。

自分では調べもせずに「よくわかっていないので、わかる人にお金を出してやってもらおうと思って」なんて人がよく相談に来るが、そういう案件は個人的には基本、受けないことにしている。だってそういう人は〝言語〟が違うから大概、コミュニケーションが取れないし、コミュニケーションが取れないまま成功できるほどクラウドファンディングは甘くないからだ。まぁ、言ってわかんねえやつはそもそもこの本を読んでないか。

その2　キュレーター選びは慎重に

キュレーターは基本的にプラットフォームの人が担当するが、誰にでも得手不得手は必ずある。その人が今までどんなプロジェクトに関わってきて、どんな手法でキュレートしてきたのかなどはしっかり調べよう。プラットフォームに問い合わせをする際に「こういう案件が得意な方をお願いします」とリクエストしてもいい。そのほうがプラットフォーム側もチョイスしやすくなり双方とも助かるはずだ。組んでみて「あまりにも合わねえな」と思ったらキュレーターを代えてくれと交渉するのも全然アリだ。プラットフォーム側だってなるべくプロジェクトをサクセスさせたいのだから、相談や交渉の余地はある。仮にどうにも合わないキュレーターと組むことになり、事情があって代えることができない場合も悲観することはない。言うまでもなくプロジェクトがサクセスするか否かはキュレーターよりもプロジェクトオーナーにかかる割合が圧倒的に多い。自分の経験上、プロジェクトオーナーの熱量が高ければ、それに呼応してキュレーターもポテンシャルを発揮してくれるはずだ。

その3　類似プロジェクトにガンガン支援するべし

クラウドファンディングの初心者がまず初めに行なうべきは、「類似のプロジェクトの支援者になる」ことだ。それもひとつやふたつでなしに、10、20のレベルでガンガン支援するべし。自分がお金を集めようとしているシステムの仕組みや特性を知らないままでどうするんだという話だ。実際に自分がお金を出す側に回らないと支援者の気持ちがわからないし、いざ自分がプロジェクトオーナーになったときに支援者への対応が的外れなものになりかねない。そして実際に支援したならば、そのプロジェクトオーナーの対応をよく見てほしい。もし、「こいつ最初だけ活動報告して、後はぜんぜん連絡ないじゃん」といった不満点があったら、自分がオーナーになったときは絶対にそれをやらないこと。

以下に、「支援すべきプロジェクトとそうでないものの見分け方」や「プロジェクトページを見る際のポイント」を自分なりにまとめてみたので参考にしてほしい。

・プロジェクトオーナーの人間性を見よ

自分は「年間１００案件」を目標にあらゆるプラットフォームで数々のプロジェクトを支援してきたが、それで見えてきたのがオーナーの人間性がいかに重要かということだ。一見、意外に聞こえると思うが、これはプロジェクトの成否に大きく関わってくる。オーナーのブログやSNS、TwitterやFacebookなど、確認できるものがあればなるべく目を通し、「信頼のおける人物かどうか」を見極めることが重要だ。ちなみに俺はSNSを一切、使っていない人に対してはよほどのことがない限り、支援しないことにしている。理由は簡単。「支援に足りる人物かどうか」を判断する材料がないからだ。かといって著名人が起案した案件ならば安心かと言われればそれも違っていて、実際にクソみたいなのは多々あるので、油断は禁物だ。

・プロジェクトページで見るべきポイント

まずは、そのプロジェクトの具体的なビジョンがきちんと書かれているかどうかをチェックしたい。文字だけのページやテンプレを埋めただけのページ、具体的なスケジュールの記載がないものも地雷度が高い。またプロジェクトのFAQがきちんと書かれているかもチェックしよう。特に想定外のことが起きた際の対応については大きな判断基準になる。ここがしっかりしていれば、それだけプロジェクトについても綿密に考えているといえるだろう。

・ロマンにダマされるな

プロジェクトを立ち上げる側から言うと「ロマン」は大事なんだけど、支援する際には、「ロマンが立ちすぎているモノ」は注意したほうがいい。例えば「こんな便利機能があるガジェットです！」と機能ばかりをうたっていて、肝心の開発スケジュールや商品の到着に関してはふわっとしか記載のないページがあったりする。今はCGも発達しているので、見た目に「すげー！」と思えるアイテムは動画や画像で簡単にブチ上げることができてしまう。たとえ試作品が出来上がっていても、試作と量産は難易度がまったく違う。実際、自分が支援した中でも、起案の段階ですでに試作品ができていたのに、それから2年、いまだに商品が届かず絶賛炎上中のプロジェクトが存在してたりもするから、ロマン先行のプロジェクトほどシビアな目で見るべきだろう。重ねて書くが製品を「企画する」ことと、「量産する」ことは別次元の行為で、それぞれに起こりうる問題は別ベクトルで発生するのだ。

・どんどん質問しよう

支援する前に疑問や不安なことがあれば、プロジェクトオーナーに直接、どんどん質問するべきだ。そこで納得できれば支援すればいいし、できなかったら支援をやめるだけだ。また、質問に対するオーナーの対応の仕方で、プロジェクトの具体性やオーナーの人間性も見えてくる。ちなみに俺がプロジェクトオーナーの立場のときは、支援者の質問は「プロジェクトの脆弱《ぜいじゃく》性を指摘してくれる最高の意見」と考えているので、いつでもウエルカムだ。

・書いてあるとおりにコトが進むとは限らない

『MUSICUS!』の章にも書いたんだけど、「○○年夏頃完成予定！」と書いてあったとして、それが守られるとは限らない。それはあくまでも現時点での予定であって、ズレ込むことは普通にあると心の片隅で思っておくべき。開発費を集めるようなプロジェクトは、あくまでも「開発を支援」するもので、現物が手に入るのは開発が成功した上でのリターンなのだから事前予約販売とは性質がちょっと違うと心得ておこう。

ぶっちゃけ、これをキュレーターが言っていいものかどうかはわからないが、クラウドファンディングは「計画」にお金を出すものだから、その性質上、どうしたってバクチ要素はある。バクチに勝つにはどうすればいいのか。それは競馬なんかと同じく、「情報収集」しかないのだが、それをしたからって絶対に勝てるという保証はない。だから「絶対に失敗したくない人」にはそもそも向かないシステムなのだ。それでも数多く支

援していくと徐々に「やべえプロジェクト」が見えてくるのもまた真理なのだ。

その4　予算は命！　1円単位で組め

何がなんでもまずは予算だ。まずは「作りたいモノ、達成したいモノ」にかかる金額をはっきりとさせてから、それを基にリターンなどを考える……という当たり前のことができていない人は案外、多い。特に、先にリターンを考える人が少なくないのだが、それだとリターンの予算に縛られてしまう。やりたいことの本丸予算を徹底的に、それこそ1円単位で洗い出そう。

具体的な方法としては、自分が立案する場合、まずはプロジェクト遂行の予算を、「松」「竹」「梅」の3パターンに分類する。「梅」は最低限のプロジェクトが実行できる金額、「竹」はそれに少し贅沢な条件を足して。思い切り自分のやりたいことをできる金額は「松」とする。サクセスの達成金額は「梅」の予算を基準として考える。

ただし送料、手数料、消費税、そのほか雑費と引かれる項目はたくさんある。実際には集まったお金の6～7割しか使えないと考えておいたほうがいい。

その上で大切なことは「予備費を取れ」だ。どんなに想定、対処していたところで、それでも「想定外のトラブル」は起きてしまう。これはもう絶対に起こる！　その際にリカバリできるかどうかは、結局はお金のチカラによるものが大きい。あと、「見えない経費」はかならず潜んでいるから、予備費は自分の体感では10～15％ぐらい乗せてもいいくらいだ。これはもはや「保険」という名の必要経費といってもいい。

もちろん、想定外のトラブルが起こらなければそれに越したことはないし、資金が余ったら後からリターンをつけて支援者に還元してもいい。

これまで多くのプロジェクトを見てきたが、途中でポシャったり消えたりするプロジェクトは「金がなくなって……」という場合が圧倒的に多い。プロジェクトが盛り上がってくると協力者、仲間も増えてくる。だが、終わってみたら「こんなに多くの支援金が集まったのに、なんで自分はこれだけしかもらえないんだ」と金でモメるなんてことはよくある話だ。最初からきちんと予算を組んで、支援が想定より集まった場合の話を協力者たちにしておけば、そんなこともなくなる。

あとこれはプロジェクトマネジメントの領域だが、要するに開発は後半になればなるほど出ていく金がデカくなる。にもかかわらずポシャったプロジェクトを見ていると、前半に大きな金を使っている場合が多い。実際、1億3000万円集めた『MUSICUS!』ですら、予期せぬ天災やトラブルでその状況に陥り、そこで「保険」にしていた2000万円はすっ飛んでしまった。そもそも2020年にコロナウイルスで世界中が変わってしまうなんて、誰も予想できなかったのだから、不測の事態に対応する資金は必ず準備すること。

その5 プロジェクトページは「看板」だ

プロジェクトページは「プレゼン資料」であり「看板」だ。ここの作りがダメだったら当然支援は期待できない。クラウドファンディングで大切な「ドラマ」に当たる部分、つまりは「このプロジェクトを立ち上げるに至った経緯」をしっかりと起承転結で書こう。その際は「ドラマ」があるに越したことはないが、演出はいらないし盛る必要もない。むしろ嘘は絶対ダメだ。読む人に「経緯」がきちんと伝わる文章を書こう。

熱量の多いオーナーが陥りやすいのが、「やたらと長い説明文」だ。プロジェクトにかける思いのすべてを文章に込めようとする、回りくどかったり、自分の感情ばかりが前に出た独りよがりで空回りした文章になりがちだ。なるべく簡潔に、必要最低限の文字数まで削ろう。

自分の場合は「プロジェクト要約」「自己紹介」「自分の状況（過去に何をやってきて、今がどんな状況で、今後、何をやりたいのか。それにはどれだけのお金が必要なのか、など）」「リターン」「ＦＡＱ」、の順番に書くことが多かった。

そして、そのプロジェクトを具体的にイメージできるもの、具体的には動画、画像、仕様などをできる限り入れ込んでいく。読み物として飽きのこない、ぱっと見のわかりやすさが大事だ。画像はそこそこの枚数を用意したほうがいい。人は文章ばかりの説明を読むと飽きてしまうと思っておこう。

そうして出来上がったページは、ＰＣ、スマホ、タブレットなど、ページを見ることができるすべての端末で「見た目」を確認することを忘れずに。特に今のご時世、スマホでプロジェクトページを閲覧するほうが多く、無駄に文章が長いとスクロールの途中で飽きられてしまうので注意したい。

ちなみにどこのプラットフォームでも、プロジェクトページのテンプレートのフォーマットがあり、それを埋める形で書き込みをしていくことになると思うが、そのフォーマットが必ずしも自分のやりたいプロジェクトに合致するとは限らない。企業や団体がプロジェクトを立ち上げるのであれば、それ用に特設ホームページを立ち上げたほうがプロジェクトに最適化したページを作れるような場合もある。

というのも、プラットフォームのプロジェクトページはブログ形式になっているので、情報量を多くすると縦に長くなり、見にくくなってしまう。プロジェクトページはあくまでも決済手段として使い、発信は自社ページ、という形だって一向に構わないのだ。

その6　支援コースの金額とバランス設定

クラウドファンディングで大切な6つの要素「メリット」のところでも書いたが、リターンを提示する際、支援者に出してもいいなと思ってもらえる金額と、その対価とのバランスが取れていることは重要だ。購入型のクラウドファンディングの場合、物によっては市場価格より高く設定せざるをえない場合があるが、自分は常に支援者が「結果、お得」になるよう心掛けていた。

金額設定に関しては、例えば1000万円集めたいのであればひとりが1万円出してくれれば1000人でサクセスだ。しかし、そんな金額を出してくれる人1000人もいねえよ、となった場合、「では5000円だったら何人支援してくれるだろうか?」という風に考えていく。その金額の見極めは自分の場合、自社の過去の通販の実績などを参考にしていたが、初心者は類似プロジェクトなども参考になるはずだ。ちなみに「CAMPFIRE」全プロジェクトの平均支援額は約1万円だとか。

その7 〝支援者候補〟の意見は徹底して聞け

自分の経験上、事前にきちんとした準備ができ、「支援者のニーズをつかんだ！」と確信できたプロジェクトは、これまでほぼ全部うまくいったように思う。「支援者は何を求め、どこに不安があるのか？」「リターンは何が嬉しいか」などは自分の頭でうじうじ考えているよりも、支援を考えてくれている人たちに直接聞いたほうが早い。自分はプロジェクトによってＳｌａｃｋやＤｉｓｃｏｒｄなんかを使って徹底的に議論した。そこに来てくれる人は当然、そのプロジェクトに興味があるからこそ意見してくれているわけで、なんなら〝支援者有力候補〟といってもいい。彼らの貴重な意見は大いに参考にすべきだ。厳しい意見も出るだろうが、そこで口うるさかった人ほど、納得すれば支援に回ってくれる可能性は高い。そうやってきちんと意見を聞くことは今後の信頼関係にもつながっていくと心得よ。ＹｏｕＴｕｂｅに説明動画を上げてコメント欄を参考にしたりＳＮＳを使ったりと、方法はいくらでもある。

では、そうした〝支援者有力候補〟たちとの議論の果てに何を得るのか？ それはずばり「落とし所」だ。プロジェクトオーナーのできること、できないこと、支援者の希望すること、疑問、それらすべてを総括した上で「落としどころ」を見つけると、双方ともに納得した状態、すなわちプロジェクトに関する知見がある程度、同じ状態でスタートを切ることができるので最終的な成功率はぐーんと上がるはずだ。

その8 必ず起こる「想定外の事態」はFAQで潰せ

形のないモノに対してお金をもらう、それがクラウドファンディングである。形がない以上、せめてビジョンは明確にして支援者にイメージしてもらえなければ絶対にサクセスはありえない。プロジェクトオーナーが自分の立ち上げるプロジェクトのことをよくわかってるのは当然だが、プロジェクトページを初めて見る人は、そうした事情は一切、わからないのだ。

なかには独りよがりな説明に終始しているプロジェクトも多いが、支援者との距離感を縮めるためにもFAQは事細かく、設定するべし。また、どんなに想定していても必ず「想定外の事態」は起こるのだから、思いつく限りの「もし、こうなった場合はこうします」を記載しよう。類似プロジェクトを参考にしてもいい。支援者から「こんなことまで想定しているのか！」と驚かれるレベルにまでFAQを詰めておけば、その分、信頼を得ることもできる。

もし、支援者が考えそうな不安や疑問が浮かばなかったら、支援者となりそうな人に聞けばいい。実際に自分が現在も使っているFAQは、弊社イベント「KICK START GENERATION」開催の前に、ニコ生でファンの方とやりとりした質疑応答から生まれたものが叩き台となっている。『MUSICUS！』の際には、俺が死んだ場合の想定までしてFAQを作成した。FAQは細かく、とにかく詳細まで記載することで、きっと支援障壁を下げることができるだろう。プロジェクトをスタートする際、「お金が集まらなかったらどうしよう」と心配する人は多いだろうが、「集まりすぎたらどうすればいいのか」と考える人は少ない。ストレッチゴールの設定や目標金額を超えて集まった支援金の使い方なども、ある程度は想定しておいたほうが良いだろう。

その9 クラウドファンディングは「信用の前借り」だ

『KICK START GENERATION』公演映像化計画」の際には、事前の告知をしっかりと行ない、プロジェクトページのスタートをニコ生の放送時に合わせることで、あっという間にサクセスとなった。サクセスの速度は速ければ速いほどその後のプロジェクトに対する支援者の期待やロマンが跳ね上がる。最初の勢いは大切なのだ。「まずはプロジェクトページを作り、スタートしてから告知」というプロジェクトも多いが、いきなり始めたってそのプロジェクトは誰も知らないし、誰も支援しない。開始した段階でカウントダウンは始まってしまうのだ。事前にしっかりと告知をし、その反応やデータを取ってから始めるぐらいが理想的だ。そのためにはSNS、YouTubeなど発信できる窓口は多く持っていたほうがいい。プロジェクトと同じくらい、自分のことを知っている人間の分母を増やす努力をしよう。

100人興味を持ってくれた人がいたとして、実際に支援してくれる人が10人だとする。でも、分母が1000人ならば100人から支援を受けることができるのだ。

その意味でも「クラウドファンディングは信用の前借り」だといえる。前借りをするには、担保となる「信用」が必要で、プロジェクトがスタートする前に、そうした信用をいかに積み上げることができるかどうかがサクセスの鍵だ。SNSをやっていなくても、例えばエンタメ系のプロジェクトであれば、過去の活動実績が「信用」となる。そのあたりもしっかり明記したほうがいい。

CAMPFIREではプロジェクトページはオープン前に「あと○日でスタート」といったティザーページを表示することができる。それらを使って常に情報を上げ続けて、プロジェクトページがオープンしたときにはすでにお金が入っている、くらいの仕込み方をしよう。

その10　スタートダッシュに成功したらサクセス率80％

なぜこのような準備が大切かといえば、プロジェクト開始時にある程度の支援が集まれば集まるほど、その後の伸びも良くなっていくからだ。早い段階で200％、300％のサクセスを達成すればその分、注目が集まり、それがプロモーションになり、また資金が流入する……という好循環が生まれるようになる。CAMPFIREのデータでは、スタートして1週間で目標金額の50％を達成したプロジェクトは、最終的にサクセスする確率が8割を超える。ここからもスタートダッシュの肝心さがわかるだろう。プロジェクトページを見たとき、「オープンしたばっかりなのに、もうこんなに支援者がいるってことは、このプロジェクトは信用できるな」と感じた人が支援者になってくれる。そうした状況をつくるためにもスタートダッシュをかけたい。これはストリートミュージシャンがあらかじめ自分のギターケースに小銭を入れているのと一緒だ。

その11　〝物乞い〟に見えては絶対ダメ

支援者からどう見えるか、プロジェクトリーダーは常に「客観視」ができなければならない。まず、お金を集めるからといって「物乞い」に見えては絶対にダメだ。特にアーティストが起案者の場合はなおさらだ。ただ、ファンはアーティストの言葉でしか動かないので、やりたいこと、実現したいことは必ずアーティストの口から訴えなければならない。支援者は、アーティストが「本気で取り組んでいるのか」「イヤイヤやっていないか」を見抜いてくるからだ。たとえ思いが強くても、そのあたりを事務所やプロデューサーに代弁させてはいけない。

また、ガジェットやゲーム、音楽関係のプロジェクトは実際に試作品を作ったり、完成品のイメージ動画やモックを用意したりして、支援者がそのモノを具体的にイメージできる材料を提示すること。「これが作りたいんです！」という具体的なビジョンを明確にすることが支援者の安心感につながり、安心感が支援につながる。言うまでもないが、プロジェクトにリスクがあるのならば、それもきっちりアナウンスするべきだ。

ただ、気をつけたいのはプロジェクトが「世に作品を送り出すために制作を支援をしてほしいのか」、それとも「すでにあるものを買ってほしいのか」でプロジェクトの趣旨がまるっきり変わってしまう点だ（前者は「制作支援」、後者は「購入支援」）。どちらなのかを明確にプロジェクトページに記載しよう。

その12　リターンをパクるな！

プロジェクトを起案する際、まずは類似案件を参考にすべしと書いたが、よそのリターンはパクってはいけない。よくある話だが、リターンと聞いて脊髄反射で「とりあえずTシャツつけときゃいいだろ」ってのは考え直したほうがいい。着ないTシャツはただのゴミだからだ。

「支援者はホントにこれ、いると思う？」「それは果たして起案したプロジェクトに沿ったリターンなのか？」と20万回くらい、自分の胸とほかの人に聞いてほしい。

あと、これも重要なんだけど、もしもアーティスト関連のプロジェクトのリターンでモノを作る場合、絶対に演者であるアーティストにデザインさせてはいけない。やっぱりデザイナーがデザインしたものはクオリティが全然違う。

あえて言うぞ、アーティストにデザインさせたモノの9割9分はクソだ！　そりゃそうだろ、ほとんどのアーティストは言われたからデザインしただけで、それを身に着ける人のライフデザインとかＴＰＯとか、そういうのはあまり考えられていないアイテムが多い。もちろん中にはそういうデザインワークに優れたアーティストもいるとは思うが、ごくまれでそれでも本業でないことには変わりない。

この本は主にエンターテインメント関係のクラウドファンディングに関して語る本なので言わせてもらうけど、オリジナリティのないリターンを惰性で選んで、それでエンタメって言えるの？　リターンにも独自性とエンタメ性、アイデアとウィットを盛り込んでほしい。石を投げればＴシャツとトートバッグ、エコバッグがリターンになっているプロジェクトに当たる現状では、これらは「とりあえずナシ」ベースで考えたほうがいいくらいだ（求められた場合は別）。起案したプロジェクト自体が埋もれかねない。ちなみに弊社のプロジェクトで、作って良かったなと思ったのはヘッドフォン（145ページ）。音楽のゲームに対するリターンという物語性もあるし、そのヘッドフォンを使って臨場感を持って遊んでほしいという俺たちの気持ちも込めたつもりだ（何よりカッコいいものが作れたので満足している）。

その13　リターンの手間とコスト

本来、「やりたいこと」があって、その資金を集めるのがクラウドファンディングだが、本丸とは別のリターンの商品を作って支援者に還元するということは、「そのリターンにかかる費用を上乗せした金額を調達しなければならない」ということ。例えば新作のCDを作るための３０００円の支援コースがあったとする。３０００円のうち原価が１５００円だとすると、そこから諸々引かれて、CDとは別のリターンに使えるお金なんてそれこそ１００円くらいになってしまう。これだとつけられてもピック1枚がやっとだ。これが1万円の支援コースになればTシャツがつけられるかもしれないが、これだと割高感が出て、多数の支援は望めないだろう。通常金額コースばかりだと大きな予算調達は見込めない。しかし、高額コースのリターン内容がショボいと今度は誰も支援してくれなくなってしまう。このあたりのさじ加減はとても難しい。

コストをかけずにスペシャリティを出すには、手間を惜しんではいけない。それこそよくある「お礼状」だって、工夫の仕方次第ではほかにはない魅力的なリターンになるはずだ。俺は支援者が喜んでくれるなら、サインなんていくらでも書く（実際に4000枚書いたプロジェクトもある）。オーナー側の都合ではなく、あくまで「もらった支援者がどう思うか」を考えてリターンを組むのをオススメする。

逆に高額なコースの話をすれば、『MUSICUS!』のときは69万6000円コースを5本用意したが、すべて完売した。それはなぜかといえば、その金額分、いや、それ以上の手間とコストのかかるリターンを用意しているからだ。手間もかけず、コストも省いてたくさん支援してもらおうなんて、そんなムシのいい話はない。高額の支援が欲しければ当然、リターンにかかる手間もコストも大きくなる。ただし、リターンの準備に追われてクラウドファンディングのプロジェクト本体に影響したら本末転倒になることは記しておきたい。

その14 リターンの後出しは厳禁！

絶対にやってはいけないのが、「リターンの後出し」。といってもふたを開けてみたら、「このコースがこんなすぐに売り切れるんだったらもっと作っておくんだった……」というケースは必ず出てくる。でもそこで新たなリターンを追加するのは支援者を裏切る行為だ。とにかく「後出し、絶対、ダメ」。弊社はリターンで作ったグッズに関しては、希少性を担保するため余った場合の在庫は必ず捨てている。これは誠意の問題だと思っているからだ。もし、リターンの商品を後で一般発売するなら、その旨もあらかじめ記載すべきだし、できればカラーやデザインは変えたほうがいいだろう。

これに関連してもうひとつ。特に高額リターンはスペシャリティを担保しなければならない。たとえ、多くの支援が集まりそうな高額コースがあったとしても、その数を多くしてしまうと、安っぽく、下品に見えてしまう場合がある。オーナーは、その金額を出してくれた支援者に対して「特別感」を守る義務があるので、リターンの上限数にも気を配ろう。

その15　中だるみ時期を解消せよ

さて紆余曲折あって、あなたのプロジェクトが無事スタートしたとする。終了日まで祈りながら日々を過ごし……なんて思っていたら大間違い。ここからが本番だ。現在、クラウドファンディングの期間は、CAMPFIREで最長60日くらい。そこその長丁場だ。この期間中、必ず「中だるみ」が起こる。プロジェクトページは動かない、支援も入らない……となるとただ時間が過ぎてしまう。この期間こそ、プロモーションをしっかりと行なうべきだ。

前述したが、俺は「OVERDRIVE 10th Fes ～LAST DANCE～」プロジェクトのとき、当初、リターンで予定していた3枚組みのアルバムを、突然「やっぱ6枚組みの100曲入りにするわ」と、掟破りのストレッチアップデートをキメて、結果、支援が爆伸びした。

いざ、中だるみが起こってから慌てないように、最初からこの時期にプロジェクトをブーストさせる秘策を用意しておくのが理想的だ。

その16 活動報告はなんでもいいから定期的に書け！

無事にプロジェクトがサクセスし、資金も集まった。でも、これで終わりじゃない。支援者はモノがちゃんと作られて届くかどうか、延期するんじゃないか、逃げちゃわないかと不安なのだ。これを解消するのが「活動報告」なのだが、これをナメてるやつの多いこと。こんなに重要なことはないのに、お金が集まったときばっかり調子良くてあとはなしのつぶて。書くのはトラブルが起きたときだけ……なんてことでは支援者は絶対についてこない。

だから自分がキュレーションとして関わった案件では、プロジェクトオーナーには「何がなんでも定期的に書け！」と活動報告をめっちゃ書かせるようにしていた。

支援者も最初はテンションが高いし、多少の不安があってもそれを飲み込んで支援する人も多い。しかし、熱はやがて冷めていく。残るのは不安だけだ。そりゃそうだ、モノがないのに支払いだけしてるんだから。だからこそ、活動報告は細心の注意を払わなければいけない。こまめな報告があることで、「ちゃんと活動している」「プロジェクトが動いている」と安心感を与えることができ、結果、クレームの数を減らすことができるのだ。

こうした報告は決して義務感でしてはいけない。支援者とコミュニケーションを取ることで、信頼関係を深めていくことが何より大事なのだ。例えばプロジェクトにトラブルがあったとき、即座に「こういう事態が起こりました。こういう方法でリカバリしていきますが、少し遅れちゃうんだ。ゴメン！」と言える関係があれば、「なるほど、じゃ、しゃーねえな」と納得してくれる支援者も多いだろう。

納得してくれる人が多くなるということは、サポートコストが下がるということ。クラウドファンディングは「信用の前借り」なのだから、そこでちゃんと〝信用値〟をキープしておかないと支援者たちは次第に離れていき、最終的には炎上することになってしまうのだ。

その17　お金の使い道より大切なこと

支援金を集めたら、オーナーとしては集まったお金の使い方を明確にしないといけない、と思ってしまいがちだが、俺はそこに関してはあまり重きを置かなかった。実際『MUSICUS!』では、プロジェクトの具体的な収支は公表していない。もちろんある程度は書いているけど、ざっくりとしたことしか書いていない。なぜかというと、公表したところで「あのプロジェクトはこの金額でできたじゃん」とか、そういう話になっても困るからだ。それこそ原画家さんやライターさんの詳細なギャラの金額を教えるのはどうしたって無理な話なわけで。なかには「すべて明らかにすべきだ」という支援者も一定数いるが、俺からすれば、そこに納得してもらえないのであれば、支援をいただけなくても構わない。自分としては約束したリターンを返すことが支援者との唯一の約束だと思っている。

ちなみに自分の場合、関わったプロジェクトでは予算の使い道を大筋で報告している。例えばCD制作だったら「制作費（製造費含む）〇％」「送料〇％」「プラットフォーム手数料〇％」「リターン製造費〇％」など。

支援金の使い道をどこまで公開すべきかについては、プロジェクトの内容にもよるだろう。例えば社会貢献目的のプロジェクトや、訴訟費用を集めるもの、また自分の猫ちゃんの手術費みたいなものは明細を出したほうがいいし、領収書なんかを活動報告に出せばよい。それが信頼につながると思う。

その18　打ち上げをなめるな！

2018年当時、クラウドファンディングで国内最高調達額を記録した

『MUSICUS!』だが、弊社は何も初めてのプロジェクトでこの快挙を成し遂げたわけではない。何度もクラウドファンディングを利用することで、信用を積み上げてきた歴史がある。当然、ウチのお客さんもクラウドファンディング慣れしていったことも大きいのだが、数々のプロジェクトを通じてお客さんとわれわれとの間に、クラウドファンディングに対する知見共有がされてく過程がきちんとあった。

信用を得た最大の理由は、数をこなしたからだけではなく、プロジェクトのたびに、きちんと支援してくれた人たちと反省会をし、次に生かしていたことだ。回数をこなすなかで失敗を分析し、やり方をブラッシュアップし続けることで、高い信頼を得られたのだと思う。サクセスし、リターンの提供が終わった後にきちんと打ち上げをするプロジェクトはあまりない。むしろ一回限りのお祭りのように終わってしまうものがほとんどではないか。でもそこで、打ち上げなりなんなり、支援者と直接、話をする機会をつくり、失敗を洗い出して反省し、「次のプロジェクトもよろしくね」と次につなげることが何より大事だと思っている。

正直なところ、弊社はインディーズ美少ゲーメーカーとしても、それほど人気があるわけじゃない（涙ながらに）。でも、そんなわれわれですら、コアなお客さんと議論を続けていくことで1億3000万円もの支援金を集めることができた。しかもウチはひとり当たりの支援額もデカく、客単価は4万〜5万円にもなる。それもこれも、これまでの積み重ねのなかで「bamboo のプロジェクトなら、支払った金以上のリターンが期待できる」という信用が少しでもあったからだろう。ウチがこれだけできるんだから、もっと人気のあるメーカーさんだったら、もっと集められるんじゃねえの？と思わずにはいられない。

ともあれ、一回でも自分たちのプロジェクトを支援してくれた人は、非常に優良な顧客であり、次回の挑戦時に味方になってくれる可能性が高いことを忘れないでおきたい。

第6章

結局「クラウドファンディング」って、何？

CROWD FUNDING

TECHNIQUE TO BE RECOMMENDED

クラウドファンディングとはなんなのか?

ここまで俺のクラウドファンディング冒険記と、その経験から得ることのできた極意についてお付き合いいただいたが、ここからは「結局のところクラウドファンディングとはいったい、なんなのか?」についてつづっていきたい。

・「出す金額に応じて特典が選べる事前予約販売」である

勘違いしている人も多いのだが、クラウドファンディングは何か?と言われればそれは単なる決済手段でしかない。あくまで「目的のために利用する方法」であって、クラウドファンディング自体が何かをしてくれるわけではない。

もちろん仕組みや盛り上げ方のスキームはいろいろあるが、突き詰めてみると、購入型の場合は単なる「事前予約販売」である、ということ。お金を出す側からすれば、確実に入手するために予約が可能であり、メーカーとしては売り上げが事前に見えることで双方のリスクをある程度、軽減することができる。また、「クラウドファンディングとは、商行為の順番が入れ替わっただけである」ともいえる。企画して開発して売って、ペイライン超えてハイ成功！　これが通常の商行為だとすると、企画して売って開発、と順番が変わるだけ。突き詰めるとそういうことである。だが、順番が変わっただけでどうしてこんなに大変なんでしょ（苦笑）。

・クラウドファンディングは、儲からない

経験上、クラウドファンディングだけで大儲け、ということは今までただの一度もなかった。そこそこの金額を集め、高い達成率を出している俺でも、正直言えば体感として「クラウドファンディングは儲からない」と感じている。「クラウドファンディングで一獲千金」を夢見ている人も一定数いるみたいだけど、個人的にはまったくオススメできない。自分が思うクラウドファンディングは「儲けるための試作品を形にす

るための資金集め」に使うものであって、クラウドファンディングそのものでお金を稼ごうという性質のモノではない。儲けたいのであれば、まずはクラウドファンディングで資金を得て、それで開発や制作をして、「出来上がったモノ」を使って儲ける、という順番になる。もちろん想定の何十倍、何百倍と資金が集まれば、それは「クラウドファンディングで儲かる」に似た状況になることも考えられるけど、税金や送料もかさむわけだし、開発というのは底抜けにカネのかかるモノ、そんなに甘くはないんやで。

・クラウドファンディングは日本人の意識をちょっと変えた

キュレーターをやってるときに何度かあったのが、周囲や事務所がクラウドファンディングを勧めても肝心のアーティスト本人が「人からお金をもらうなんて……」と抵抗感を持つケースだ。日本人の中で「施しを乞うなんてことはやっちゃイカンし、人さまに頼らず頑張るのが美徳」という考えがいかに根強いのかがわかる。

その意識が大きく変わったのが、2011年の東日本大震災だ。当時、クラウドファンディングが注目され、以降はその活用方法が広く検討されるようになっていく。そして2020年以降は新型コロナウイルス感染症関連のプロジェクトが山のようにあるのは皆さまもご存じのとおり。また最近ではWEB上でのYouTuberへの高額ネット投げ銭なんかもニュースになっており徐々に一般的になってきていて、日本人にも少しずつ物乞い、施しとは違った、あらゆる意味での「寄付」という文化が根づきつつあるのかもしれない。

東日本大震災も今回のコロナもそうだけど、「大災害」みたいなシチュエーションでクラウドファンディングはより生きる。もちろん災害なんてないに越したことはないが、クラウドファンディングは有事で輝く「手段」でもあるのだ。実際、2020年の「CAMPFIRE」のプロジェクト取り扱い量は前年比で約10倍にもなっているのだ。

・クラウドファンディングは「通知表」である

特にエンタメ系の、既存のファンを相手にしたようなプロジェクトでは、プロジェクトオーナーがいかにファンからの信頼を得ているかによって支援の熱量は大きく変わってくる。自身の「ファンからの見え方」をしっかり意識し、セルフプロデュースができていて、今までちゃんと信頼関係を築けていれば、支持は得られるし、逆もしかり。その意味ではこれまでの活動の「通知表」でもあるのだ。普段からコミュニケーションを取っていないのに、いきなり「金くれ」と言ったら、それなりのファンでもソッポを向かれるのがオチ。逆に言えば、普段から「こういうことをやりたい」「こう表現をしたい」と発信することで、プロジェクトへの熱量や思いも伝わっていくだろうし、賛同してくれる人は必ず現れるはずだ。ちなみにプロジェクトのサクセス率は、俺の体感では約5割。プラットフォームにもよるんだけど、（成功率7割5分なんてプラットフォームもある）これを高いと見るか低いと見るかは人それぞれだ。

・キュレーターは商売になるのか

これまで自分がキュレーターを引き受けたプロジェクトの数は、書いちゃアカンのを含めて累計で約50ほど。その中で純粋に「キュレーター代＝お金」で受けたプロジェクトは1個か2個くらい。お金をもらうということは、自分のギャランティを含めた資金を調達しなければいけないので当然、資金集めのハードルは高くなる。もちろんサクセスの確約なんて怖くてしたくない。フリーのクラウドファンディングのキュレーターやアドバイザーという職業の人がいるのかどうかはわからないけど、仮にいたとしても、その人たちのギャランティはプロジェクトオーナーが集めなければならないわけで、それもなんだかなぁと思う。

とはいえ、金のにおいがするところには有象無象が集まってくる。高い授業料を取って「クラウドファンディング講座」みたいのをやってるところもたくさんあった。そこで数時間座学を受けて「ハイ、あなたは今日からプロフェッショナルです、クラウドファンディングの専門家です」と。でも当然、それで商売になっている人間なんて誰もいない。アホか！

・対価の価値は支援した人にしかわからない

金額によってリターンが決まるクラウドファンディング。人によっては金額でファンとしての「信心」を値踏みされているように見えることがあるかもしれない。しかし、これはいつもプロジェクトの立ち上げのときに断言し続けているんだけど、「金を出さなければファンじゃない」は、絶対に間違っている（そういう考え方は俺は大嫌いだ）。やりたいことに賛同してくれる「気持ち」、それだけでも十分にファンとしての応援だと思っている。パトロンにならなくても例えばSNSで拡散してくれるとか、そんなことでも十分、プロジェクトの力になる。ファンは等しくファンだし、決して支援した金額でファンの「優劣」が決まるものでもない。そのあたりはプロジェクトオーナーも心に留めてほしいと思っている。

また、高額リターンに支援する人に対して「あんなモノにそんな大金を払うなんて」

と言う人がたまにいる。でもモノの「価値」なんて、人それぞれだ。金額に見合うリターンだと思っているからこそ支援するのであって、それは他人がとやかく言うことではないと思う。実際、『ＭＵＳＩＣＵＳ！』の際は最高額で69万6０００円というコースを5本用意したのだが、5分くらいで売り切れてしまい、しかも支援を検討していた人はその数倍以上いたことがわかっている。ファンが「価値」を見いだせば支援を受けられる、そうでなかったら売れ残る、それだけの話である。

ちなみに高額支援をしたことで、ほかのファンに対して優越感を持つ人もいるかもしれないが、その考えはやっぱり違うと思う。「優越感」と「特別感」をはき違えているというか。とはいえ、勝手にそう思っちゃう人がいるのはしょうがない。高額支援をしていないけど熱心なファンとしては、「高額支援してくれる人のおかげであのプロジェクトが進んだ！　ありがとう！」という気持ちで見守っていりゃいいんじゃないかな。プロジェクトオーナー自身が、そういう方向に雰囲気を持っていく「ムード」をつくれるのが理想だ。

・クラウドファンディングは、そのモノの価値をブーストしてくれる

どうしてクラウドファンディングを使うのか？　それはもちろん「資金が欲しい」から。ではなんで資金が欲しいのか。その資金で「やりたいこと」があるから。当たり前だ。しかし「単に金を集めたいんです」という動機なら、クラウドファンディングはやめたほうがいい。ここまで読めばわかると思うけど、そんなに簡単じゃないし、〝地雷〟も多い。

クラウドファンディングの最大のメリットは「モノの価値をブーストしてくれる」こと。例えば、あなたは今イベント開催やCD制作などやりたいことがあり、その実現には100万円が必要だとしよう。しかし、そこに300万円あったらどうだろうか。イベントだったらより豪華に、アルバムだったら曲数が増えるかもしれない、ガジェットならより高いスペックを狙えるようになるかもしれない。あなたの思い描いた夢の価値をブーストしてくれる可能性がある、それがクラウドファンディングの魅力だし、面白さなんじゃないかな。最後に、自分なりに考えたクラウドファンディン

グのメリットとデメリットを記しておく。

クラウドファンディングのメリットとデメリット

メリット

・赤字になりにくい

最初にまとまった開発資金を得ることができ、その予算の中でモノを作るようにすれば基本的には赤字にならない。というか自分がこの仕組みに興味を持ったのは、「赤字の恐怖」から逃れるためだったと言っても過言ではない。これまでにゲームを何本も作ってきたが、その中でソフト単体で大幅な黒字が出たのはほんの数本。つくづくこの世界はバクチの要素が大きいと感じる。そのリスクを少しでも下げる方法としてクラウドファンディングに興味を持ったというわけだ。

実際、弊社はクラウドファンディングを使い始めてからは以前よりも外部からの資金調達をしなくなった。人数の少ない会社だからできる技なのかもしれないが、お金の動きが先に見えるのでキャッシュフローが組みやすくなった。とは言いつつも『MUSICUS!』では不測のトラブルで予備費をずいぶん吐き出した。世の中って難しいね……。

・資金が可視化される

これはプロジェクトオーナー、支援者ともにメリットになる部分。「ゲームを作るのにこれだけの金額が必要です。皆さん支援してください」「今、これだけ支援金が集まりました」と、このように資金が可視化されることで、双方に安心感が生まれる。また、支援金が大きくなれば「こんなに多くの金額集まったんだ！」「だったらもっとすごいことができちゃうんじゃないの!?」と期待感がロマンになるのだ。また、集まった資金だけでなく、その後の開発状況も報告され、可視化される（これは支援者にとって、ただの「事前予約販売」と大きく違うメリットとなる)。サクセス後の開発がどこまで進んでいるかを確認できるのは大きい。

・達成感が見える

プロジェクトの達成とその過程が見た目にわかりやすく、その意味では非常にドラマチックだ。オーナーと支援者がドラマを共有することで満足度も上がる点は、クラウドファンディングの大きなメリットとなりうる。ここに気づいたことが、自分が実際にクラウドファンディングに乗り出す大きな決め手となった。自分が飯を食っているゲーム、音楽、イベント業界は、すべて「エンターテインメント」なのだから、その資金調達の手段もまた、エンターテインメントであるべきだろう、と思ったのだ。

デメリット

・「未達成」は、「失敗」の実績をつくる

当たり前だけど、クラウドファンディングはサクセスするときもあれば、しないときもある。ＡＬＬ ｏｒ ＮＯＴＨＩＮＧだと未達成の場合、プロジェクト自体は「なかったこと」になるが、プロジェクトオーナーには「○○円も集められなかった人」という大変ありがたくない実績が残ってしまう。オーナーが失うモノの少ない一般人であれば問題ないかもしれないが、それなりに知名度のあるアーティストだったりすると、大きなデメリットになる可能性もあるのだ。

ただ、失敗を糧として大きく飛躍するケースもある。

体重計など計測器の大手メーカーとして知られるタニタさんが、ゲームのコントローラーを作るためにＣＡＭＰＦＩＲＥで起案したのだが、最初の起案はそりゃもう

悲惨な結果で終わった。後半はやる気も感じられず、自分も「なんで起案したの？」と疑問に思ったのだが、2回目の起案では金額設定やリターンなどを研究し尽くし、見事にプロジェクトを成功させたのだ。

衝撃だった。最初の失敗から「このぐらいの価格帯であれば、このぐらいの人数が買う」というマーケティングを徹底して行ない、〝勝てる材料〟をそろえて2回目の起案で成功させたのだ。あの大企業であるタニタが、ツールとしてのクラウドファンディングを短期間で使いこなしていたのにも驚かされた。

その意味では、タニタのような大企業でさえプロジェクトに失敗することはあるのだから、失敗を過度に恐れることはない。最終的に自分の野望を実現できれば、それまでの失敗は「ドラマ」の一要素にもなるのだ。

・利益の先食いとなる

そもそも資金に余裕のあるところ、儲かっているところは、クラウドファンディングに頼る必要はない。ということは、クラウドファンディングを使うのは、台所事情が苦しいプロジェクト（もしくは商売として成立するか不安があるもの）ということになるケースが今まで多かった。無事サクセスしました、制作物ができました、で、その後に一般販売します、と。しかし、販売したところで、すでに〝堅い顧客〟はクラウドファンディングで手に入れてしまっている。ということは、せっかく制作物が手元にあってもそこから先は売れ行きも上がらず、儲からないばかりか、その先の〝燃料〟も枯渇することになってしまう。弊社のようにチャリンコのペダルを漕ぎまくっているような会社は特に注意が必要なのだ。

弊社の『ＭＵＳＩＣＵＳ！』も過剰にリターンを設定したこともあり、部分的にはやっぱり「利益の先食い」となっている側面もあった。実際、一般販売での売り上げはそこまで芳しいものでもなかった。それでも作りたいんだ！ということであれば、そういう利益構造であると理解した上でプロジェクトを設計をしないと、せっかくモノができても倒産！なんてシャレにならない事態になる。いや、ホントに。

・疲れる

クラウドファンディングは疲れる。まだ歴史が浅く、これまでになかった仕組みでお金を集めるのだから、そら慣れないし疲れることが多い。大きなサクセスを得ようとすれば当然、やることも多いし、いざサクセスしたらしたで、先にお金をもらう責任が重くのしかかってくる。そういう意味ではある程度、大きなストレスがかかることは覚悟しないといけない。俺の周りでも、せっかくクラウドファンディングで成功してある程度のノウハウを得ても、「もう疲れた。二度とやらない」という人も少なくない。自分からすると実にもったいない話だなとは思うが、その気持ちもわからないでもない。

クラウドファンディングの未来

「アルバイトの兄ちゃんが思いついたアイデアがクラウドファンディングで○億円集めた！　って記事が雑誌『BUBUKA』に掲載される」――自分が考えるクラウドファンディングというのは、これぐらい俗っぽくていいと思っている。

メルカリなんかも〝フリマ界の闇市〟なんて呼ばれているけど、便利だし、その玉石混淆《こんこう》っぷりが大きな魅力にもなっている。今現在、クラウドファンディングを利用している層は主にITにある程度通じているか、ネットにアクセスする時間が多い人だが、今後はもっと裾野が広がっていくはずだ。それこそマイルドヤンキーが使い始めたら国民的プラットフォームとなっていくんじゃないか、とも考えている。それこそ「Kickstarter」みたいに、手数料5％とかになれば、もっともっと利用されていくんじゃないかな。

自分が現在、所属する「CAMPFIRE」の好きなところは、プロジェクトをプラットフォーム側で選別しないところ。言うなら、あえて玉石混淆状態にしていて、そこには「その人のやりたいことの価値を決めるのは市場である」というブレない理念がある。この背景には、家入社長が社会的弱者に寄り添い、彼らが声を上げる場所をつくることに重きを置いていることもあるのだろう。

それとは対照的に、「Makuake」はプラットフォームで掲載するプロジェクトをある程度、選定することによってブランディング化を図っている。要するに「ウチのプラットフォームには変なプロジェクトはないので安心して支援してください」というワケだ。「CAMPFIRE」と「Makuake」、これはどちらが正しいとかではなく、それぞれがきちんとした理念を持ってやっているんだけど、俺個人としてはワケのわからないプロジェクトがいっぱいあるほうが好きだな(笑)。なので「CAMPFIRE」には今後も、クラウドファンディング界の玉石混淆市場として頑張ってほしい。

利用者の裾野が広がる、ということは商売の幅が広がるということだし、「ワンチャン」も生まれやすくなる。「思いつきのアイデアで〇億円集めた」みたいなことが増えていくのはやっぱりロマンがあって楽しいじゃん。海外には「クラウドファンディングマニア」みたいな人たちがたくさんいて、それこそ「裏山に穴掘りたいんだけど、支援よろしく！」みたいなアホなプロジェクトでもサクセスをしてしまい、クラウドファンディング界を盛り上げてくれている。今後は日本でももっとプラットフォームが「クラウドファンディングマニア」を育てていったらいいなと思っている。

以前、「Ｍａｋｕａｋｅ」の中山亮太郎社長が「プラットフォームというよりかは、〝暇なときに見るサイト〟にしたい」と会食した際に話されていたが、これにはなるほど、と思ってしまった。肩肘張ったものではなく、「なんか面白いもんねえかな」と、みんながちょいちょいのぞくようなサイトになっていければ、日本でももっと文化として定着していくんじゃないだろうか（実際自分も「Ｍａｋｕａｋｅ」は利用しており、暇があったら見に行くサイトのひとつである）。

本場アメリカでは、最大手プラットフォーム「Ｋｉｃｋｓｔａｒｔｅｒ」の名称自体がすでにひとつの文化となっているほどで、その意味においては、日本の「ヤフオク！」に近いと言えるかもしれない。それに対して日本では、起案者、支援者共に

ＥＣサイトの延長としてとらえている人も多く、その使い方が決して間違っているとは言わないけど、洗練された事前予約販売みたいになっちゃうのはちょっと面白くない。いい悪いではなく俺は「面白い」が好きだから、もう少し「クラウドファンディング」としてみんなが楽しめるものになるといいなという個人的希望があったりもする。

クラウドファンディングはまだ新しい仕組みで、「お金を集める」というシステムの性質上、メディアなどで報道され、話題になるのは炎上案件が目についてしまうが、最近はピーキーなガジェットを入手する方法としては非常に優秀だという認識は広まっているように思う。実際、中国や香港などのとがった発明品を展示会で見つけて、それを日本で販売するためにクラウドファンディングを利用するという流れは、すでにビジネスに組み込まれつつある。ガジェットに特化したプラットフォームも存在する。

一方でまだまだ「なんか胡散くさい」というイメージは、そりゃそうだろうなと思う。特にガジェット系のバクチ感ったらない。日本のプロジェクトでもコケるところはコケるけど、海外サイトのバクチ度はその比じゃない。実際、俺が「Ｋｉｃｋｓｔａｒｔｅｒ」で実際に支援した案件は20件中8件がコケている。もちろん金は返ってこないし、そのプロジェクトオーナーは大炎上だ。

でも、クラウドファンディングは本来そういう側面があるものだし、確実性の高いプロジェクトばかりがお行儀よく並ぶよりも、玉石混淆のほうが面白いんじゃんと俺は思っている。例えは悪いけどまずいラーメン屋に当たったときにこそ、うまいラーメン屋が輝くみたいな（笑）。その意味で、「クラウドファンディングは神経質な人、金の損失が絶対に許せないタイプの人には向かないよ」と先に言っておいたほうがいいかもしれない。

それでもこれから先、クラウドファンディングはどんどんハードルが下がって、日本ならではの雰囲気を携えながら、より一般化していく可能性が高いと思っている。それに伴いプロジェクトの質も「玉石混淆」っぷりを強めていくんじゃないかな。「こんなバカな企画、誰も金出さねえよｗｗ」と思いつつ「でもうっかり買ったら便利だったわ！」みたいなヒットがたくさん生まれることを心から願っています。

コロナとクラウドファンディング

この本は2020年のゴールデンウイーク頃から執筆を始めたんだけど、現在2021年の7月。ちまちま書いていたらコロナウイルスによって日本、いや世界中を取り巻く環境が大きく変わってしまった。おかげで、1年以上かけて仕込んでいたツアーがすべて飛んでしまったのだが、よもや自分が生きているうちに世界的規模の感染症が蔓延《まんえん》するとは夢にも思わなかった。

この間、各プラットフォームではエンタメ業界のみならず、観光や飲食など、様々なカテゴリーで〝コロナ案件〟(コロナウイルスの影響を受けてピンチに陥り、支援を募集するプロジェクト)が激増した。

自分も幾つかのプロジェクトを担当させてもらったが、当初は「もうダメっす……」的な悲壮感漂うプロジェクトばかりだったのが、ここにきて「コロナ禍を乗り切ってやるぜ。協力してくれよな!」といったポジティブなメッセージ性を持つプロジェクトが増えてきた気がする。これは非常に歓迎すべきムードだろう。

また支援や寄付を通じて、クラウドファンディングに興味を持ったり、実際に使ったりする人たちもさらに増えてきた。事実、ＣＡＭＰＦＩＲＥの利用者や会員数も右肩上がりで上昇している。「コロナを糧に」という表現が正しいのかどうかはわからないが、国内のクラウドファンディング業界にとってひとつのターニングポイントとなったことは間違いないし、これを機にもっと多くの人が、クラウドファンディングに触れてくれたらいいなと思っている。なんだか偉そうに書いているが、本当にそう思ったんだから仕方がない。

俺とクラウドファンディング

数々のプロジェクトを立ち上げ、成功も失敗も経験し、本を出版するくらいには語れちゃうほど深く関わってきた自分だが、実はクラウドファンディングのことはまったく信用していない。なぜなら、所詮はＷＥＢサービスなのだから、こんなの数年経ったら形が変わるに決まってんじゃんと思っているからだ。それでも基本的な「仕組み」の部分は残っていくだろうし、今後もクラウドファンディングの方式が、何かやりたいことを実現するための道具のひとつであることに変わりはないだろう。

もともと自分には面白いグッズや「あったらいいな」を形にしてきたという土台と歴史があり、それがライフワークでもある。これからもきっとアホな思いつきでモノを作りたくなるだろうし、クラウドファンディングとの付き合いも、その歴史が続く限りは続くのかもしれないなと思っている。

ちなみにピーキーガジェットが大好きな俺が今、計画しているのが、「ゲーセンバッグ」だ。その名のとおり、ゲーセンの筐体《きょうたい》みたいなコントロールパネルがついたリュックサックで、「ゲーセンの筐体が欲しいな」「もし、これがバッグだったらかわいくね？」という謎の発想から生まれたアイテムだ。

最初は単にダミーのレバーとボタンをアクセサリーとしてつける予定だったのだが、「なんだー、本当にゲームで遊べたらもっと面白かったのにー」とかって無責任に言うヤツが現れるんだよな……。「くっそ、めっちゃムカつく、よし作っちゃるわ！」と、どこにもいない仮想顧客の、実在しない仮想感想に対して怒りと闘志を燃やし、「本当に遊べるパネルがついたバッグ」というとがりすぎてる製品開発を無謀なチャレンジのもとに乗り出すことになったんだけど……これがまあ、予想以上に難航。本業の合間に作り続けた結果、形になるまで4年もかかってしまった。ウチは、ゲームは作ったことはあるけど、ハードなんて当然作ったことはなく、とにかく時間と手間、そしてお金がめっちゃかかってる。

すでに、試作品と低ロットでの量産は終了しており、本格的な量産のめどがついたらプロジェクトを立ち上げる予定だ。もちろん試作と量産はまったく違う。本当に違う。クリアすべき問題は山積みだが、ここまでお金をかけてしまうともう引くわけにはいかない。現在、とりあえずは量産のめども立ちつつあるので、プロジェクト立ち上げの際は皆様の支援を心からお待ちいたしております。

さて、これから初めてクラウドファンディングを始めようと思っている人へ。まずは自分でとことん調べろ！　俺のところにクラウドファンディングの相談に来る人間はとても多いが、そこで聞かれることって、ちょっと調べりゃすぐにわかることがほとんどだったりする（もちろん教えるけど）。そういう人には今すぐ、プロジェクトを10〜20件支援してほしい。必ず見えてくるものがあるはずだ。あと「お金が集まらなかったらどうしよう」という相談もおかしな話で、「それを集めるにはどうすればいいのか」を考えるのがクラウドファンディングだということを理解してほしい。

自分としては『MUSICUS!』開発プロジェクトですでに目的は達成したので、本音を言えばもう「商売としてクラウドファンディング」に未練はない。といっても今後、ぶっ飛んだグッズとか、音楽制作とか、そういったモノを作る際に「手段」として利用することはあるかもしれない。何度も言うけど、クラウドファンディングは目的を実現するための数ある手段のうちのひとつでしかないのだから。

ゲーム開発者。
歌手。
ミュージシャン。
バンドマン。
クリエーター。
声優や演劇などの役者。
ステージ制作。
あらゆるモノづくりの人たち。
あらゆるエンターテインメントに関わる人たち。

この手の商売を選んだ人はひょっとしたら、人が生きる上で必ずしも必要でないものを仕事に選んでしまったのかもしれない。それでも皆さんから生み出される素晴らしいアイデアや作品に価値を見いだし、対価を払ってくれる人たちがいるからこそ、その職業が続けられるわけで。

自分もそんなエンタメ業界の端くれのひとりとして、自分の生き方を守るための数ある道具のひとつとして、このクラウドファンディングってやつともうちょっとだけ付き合っていこうと思ってます。

巻末特典

直撃インタビュー

高額支援者に心境を聞いてみたった!

その後、PC版『MUSICUS!』のNintendo SwitchとPlayStation4への移植がめでたく決まりまして、本書執筆中の2021年4月にその開発費を募るプロジェクト(目標金額396万6960円)を発足させたところ、なんと同年6月24日、終了1分前にサクセス達成という、じつにドラマチックな展開となりました。ご支援くださった皆様、本当にありがとうございました!

で、毎度プロジェクトを立てる際に「ギャグ7割、本気3割」ぐらいの思いでメチャクチャ高額なリターンを設定するのですが、今回初めて100万円超えのリターンを設

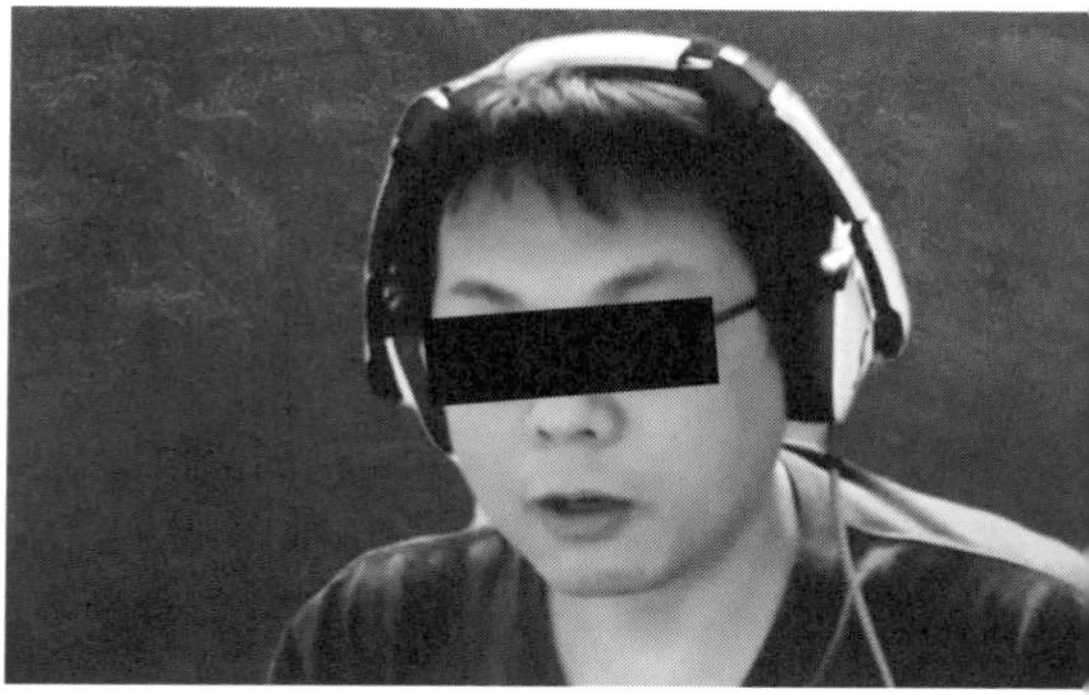

PC版『MUSICUS!』の家庭用ゲームへの移植開発費を募るプロジェクトで、計200万円以上を支援した石油王氏(年齢非公開)。本人いわく「IT系の企業に勤めるごく普通のサラリーマン」だとか

定させていただきました。その名も、「石油王、IT長者、宝くじ当選者、剛の者限定コース」(100万6960円で限定1名)。まぁ、このご時世、支援する人なんていないだろうな……と思っていたらなんと、いたんですよ！　実際に！

本書ではクラウドファンディングについてプロジェクトを起こす側からの視点で色々と書いてきましたが、支援する側の視点も盛り込みたいなと思いまして、本書の校了直前、計200万円超えというハチャメチャに高額な支援をしてくれた方に「ど、どんな気持ちで支援したん？」とインタビューを敢行しました(聞き手はbamboo)。

ノリと勢いでひとりで200万円超え⁉

——ええと、まずはお名前をお聞きしたいのですが、石油王でいいですか(笑)。

石油王　そうですね、石油王でお願いします。

——まずは自己紹介からお願いします。仕事は何を？

石油王　えーと、ごく普通の会社員です。

――マジか（笑）。

石油王　はい、サラリーマンです

――サラリーマンであの金額張りましたか……。今回のプロジェクトで１００万円以上を投げた動機を聞きたいんですが。

石油王　動機ですか？　動機は……ノリと勢いだったと思います。

――ノリと勢いで１００万円出すのかよ（笑）。

石油王　いや、もちろんまったく知らない、通りすがりのプロジェクトにあれだけの大金を突っ込むことは絶対に無いんですけど、自分は今までもOVERDRIVEの様々なプロジェクトに支援してきていまして。

――ありがとう！　ちなみにこれまで、どのくらい支援していただいてます？

石油王　ええと……靴はやってないですね。あのときはプロジェクトを知らなかったんですよ。『MUSI-CUS!』のPC版と、オバフェス（「OVERDRIVE 10th FES～LAST DANCE～フリーライブ計画」）と、ブルーレイ化の（『KICK START GENERATION』公演映像化計画」）と、スマホの移植

（OVERDRIVE10周年記念3タイトルiOS&Android化プロジェクト」）とかですね。

――だいたい全部支援していただいていると。

石油王 はい。どのプロジェクトも初速がすごくて、基本は当日にサクセスするのが当たり前みたいな感じになっているなか、ちょっと今回は初速が……。多分、初日は40％いってなかったんじゃないですかね。で、今回はダメなんじゃないかって、ちょっと不安になって。

――正直いうと、俺もそう思ってた（笑）。

石油王 ニコ生の放送とかもちょくちょく見ているんですけど、夜なのでお酒を飲みながら見ているんですよ。で、「これ、サクセスして欲しいんだけどな」なんて思いながら眺めているうちに「自分がここで石油王コースとかいっちゃったら面白いかもしれないな」とか思って、それでノリと勢いでえいやっ！とやってみた、という感じです。

――ホントにノリと勢いなんですね。

石油王 はい。多分、真面目に考えちゃうと100万円単位の買い物ってそうそうできないですからね。実は前回のPC版『MUSICUS!』のプロジェクトでも69万6000円のコースを支援していたんですが、あれは主人公の名前が自分のものになった特別版のディスクがついていたじゃないですか。あれはあまりにも安かったと思います。もちろん69万円というのは安い金額ではないんですが、リターンに対しては安いなと。

――あれは開発の手間の割には価格が安かったよね。

石油王 だから単純に今回のプロジェクトだけってことじゃなくて、今までの積み重ねもあるし、今回でゲームの開発のクラウドファンディングは最後ということもあったじゃないですか。その最後の打ち上げ花火の延長戦ということで、ノリと勢いでいってしまった感じですかね。最後のプロジェクトだし、成功して欲しいし、リターンも欲しかったし、酒にも酔っていたのでやっちゃいました(笑)。

――そりゃそうだろうと思うよ、俺だってビビるよ(笑)。ちなみに支援してみて、今、後悔とかしてないですか?

石油王 もちろん、今のところは後悔はしてませんし、ずっと今までOVERDRIVE

を追っかけてきたので最後はこういうのもいいんじゃないかな、みたいな。

――正直、今回の移植版プロジェクトはサクセスまでの道のりが遠くて、ストレスでハゲが広まった(笑)。

石油王 今回のプロジェクトは本当に成功するって思ってた人のほうが少なかったかもしれないですね。

――ラスト3時間で約1300万円入ったからね。PC版でも最終日に1300万円くらい入ったんだけど、今回は成功するか失敗するか、その境目でのあの金額だったからね。本当に劇的なラストでした。今、思えば石油王が入れてくれた100万円がきっかけでみんなバカになってきたカンジがあって(笑)。あれで流れが変わったところあったと思うよ。

石油王 そう言ってもらえると嬉しいです。反面、周りを巻き込みまくってしまったことについては、非常に申し訳ない気も……少ししてます(笑)。

――YouTube Live放送中に役者さんもスタッフも、みんな「ウソでしょ!? ウソでしょ!?」ってずっと小声で言ってたし、CAMPFIREのスタッフも顔色を変えて「マジか! この人、石油王コース入れて、さらにリターンねえのに投げ銭で100万円入れてるよ！」って、現場は騒然だったよ。

石油王　最初はゲーム付きのフルのコース（2万5696円）と、MUSIC FREAKコース（9696円）を支援していたんです。で、初日はとりあえずそれで終わりと思っていたら、初速があまり動かない。だから生配信を見ながら酔った勢いでえいやっと石油王コースを支援したんです。ここまででリターンはもう十分で、これ以上もらっても置き場所に困ってしまうので、最後に投げ銭を100万円入れました。

――まともじゃないよ（笑）。しかもリターンの一部（EDクレジットに名前をクソデカく掲載）を辞退するなんて漢気《おとこぎ》を見せてくれているわけだけど、それじゃ悪いんで何か、オンリーワンなリターンを君にプレゼントするからちょっと待っててね。

ＰＣ版『MUSICUS!』のNintendo SwitchとPlayStation4への移植開発費を募るプロジェクトは2021年６月24日の最終日にサクセスした

石油王　恐縮でございます。

「推しが推しているモノは、支援しないと気がすまない」

——ところでクラウドファンディングを初めに利用するきっかけってなんだったの?

石油王　CAMPFIREの前にDEARDROPSのアルバム（UNEEDZONE.jp「Prico with DEARDROPS」1st ALBUM 製作プロジェクト）ですね。それまではクラウドファンディングは全然、知らなかったんですけど、あのときにこういうのがあるんだ、と知って。その後にCAMPFIREでOVERDRIVEのものをいくつか支援しました。最近ではコロナ禍での支援、特にフード系のものはよく支援してます。

——石油王っていうか、足ながおじさんじゃねえか(笑)。

石油王　でもフード系ってリターンがしっかりしているので、お互いにwin-winです。たまに冷凍庫に入りきらなくて困る場合もありますけど。

——それ、あるよね。俺もお取り寄せ系ヘルプ案件とか支援すると、だいたい、想像よりもデカいモノが届いて置き場所に困るという(笑)。ちなみにこれまでクラウドファンディングで何件くらい支援してます？

石油王　OVERDRIVEのプロジェクトだけじゃなく、bamboo さんがキュレーターをした島根のジェットフェスとか、センチ（『センチメンタルグラフティ』）も支援してます。もはや「自分の推しが推しているモノは、支援しないと気がすまない」みたいな感じになっていますね。

——本書のタイトル（『推される技術』）まで回収してくれてる……

石油王　シマネジェットフェスでは実際に島根にまで行きましたし(笑)。だいたいですがこれまで全部で70〜80くらいのプロジェクトを支援してますね。

——スゲエな、もうクラウドファンディングマスターじゃん。

石油王　でも振り返ってみると、ガジェット系のプロジェクトではリターンが残念だったことも複数ありました。

——俺もこれまで30くらいのガジェットに支援してきたけど、ちゃんとそれらしいのがきたのは半分くらいかな。でもハズレが多いほどアタリがひときわ輝くみたいなところがあるよね。風俗に近い感じ(笑)。

石油王 僕もペアリングが全然うまくいかないＢｌｕｅｔｏｏｔｈのイヤホンとかありました(笑)。

——結局、サンプルと量産品の精度って全然違うからね。量産したときのリスクは作ってみないとわからない。俺がゲーセンバッグの量産を始められない理由もそこにあって。

石油王 そこは難しいですよね。

——そんななか、支援したいなと思うプロジェクトの共通点だったり、ポイントってどこにある?

石油王 フード系は単純に自分が好きなもの、食べて嬉しいものなので悩まないんですけど、エンタメ系だとシマネジェットフェスみたいに、これは成功して欲しいなと思ったり、プロジェクトの意向に共感できるものは支援しがちですね。

——自分が払う金額に対してのリターンのバランスは気にします?

石油王 うーん、ＯＶＥＲＤＲＩＶＥのプロジェクトは、もはやバランスは気にしてないと思いますね、ここまできちゃうと。

――もう推しフィルターがすごいことになってると。

石油王　はい。そうですね、結局、好きとかの世界になっちゃうと、ROI（投資した費用に対しどれだけの利益が得られたのかを表す指標）よりも、単純に気持ちというか、bambooさんがよく言う、「惚れた相手に恥をかかせたくない」みたいな不思議なタニマチ根性がムクムクと湧いてくるというか。今回なんかまさにそうですよね、bambooさんがクラウドファンディングの本を出そうというときに、4000万円弱のプロジェクトが失敗したとなれば画竜点睛《がりゅうてんせい》を欠くというか、寂しいよなって思いますし……

――本当は俺もそれをすごく気にしてて。これから本を出すのに、ここでコケてどうすんだっていうね。だから達成した瞬間はまず最初に、この本の担当編集者の顔が浮かんだんだよね（笑）。

石油王　ですよね。

――俺もニューロティカのあっちゃんのプロジェクトとか、魔夜峰央《まやみねお》先生のプロジェクト（GREEN FUNDING「魔夜峰央原画展にパタリロ像を建てたい！～マリネラ国民のパワーを日本に轟かせよう〜」）のとき、何も考えずに一番高額のコースを支援してたから。もう支払いがどうこうじゃなくて「今、これを支援しなければ死ぬ」みたいな気持ちになってたから(笑)。

石油王 すごくわかります。自分でも自覚しているんですけど、もうまともじゃないんですよね(笑)。

——それでいうと、今回のプロジェクトでは石油王以外にもうひとり、苛烈《かれつ》に金を投げていた人がいて（100万円+69万円+69万円の投げ銭をした方が存在する)、あまりにも高額で心配になったから「ホントにいいんですか?」とメッセージを送ったら、「会社を経営していて、そこそこ儲かってるから大丈夫ですよ」って返ってきて(笑)。今回のプロジェクトでは100万円を超える支援をしてくれた方が3人いて、そのうち石油王さんとその経営者の方は200万円を超えているという(笑)。もう、何なの? 俺、抱かれるの?

石油王 いや、抱くのも抱かれるのもノーサンキューです(笑)。でも考えてみたら、その経営者の方は僕よりもスゴイですよ。だって僕は石油王コースを支援してるので、少なくともそこのリターンはもらえるわけですけど、投げ銭だとリターンはないですからね。

――うん、俺からのお礼のメールだけに200万円払うわけだから、ちょっと心配になってくるよね。

石油王　僕以上に頭のおかしい人がいたと(笑)。

――最後に、石油王から見て、俺の作る、俺が担当するプロジェクトってどう思いますか?

石油王　bambooさんのプロジェクトって、『浅草NOW』というニコ生のコミュニティがベースとなっていて、プロジェクトを始める前や期間中、支援者の人たちとみんなでワイワイガヤガヤ悪巧みを楽しんでいる感じがあって。その点が「ECサイトでモノを買う」のとは全然、違って、エンターテイメントになっているところがほかのプロジェクトとはだいぶ違うなとは思います。

――俺のプロジェクトって、あーでもないこーでもない、ってルール決めてるときと、スタート直後と、ミラクルが起こる最終日だよね、一番面白いの(笑)。

石油王 そうですね、結局、お祭りなんですよね。参加してる感じが病みつきになるというか、そこにノリと勢いで石油王コースを支援してしまうだけの〝何か〟があったんだと思います。

――もう、そこまで言われてしまうと何も言えないですけど、支援して頂いたかいがあったように開発を頑張ります。

石油王 ぜひぜひ、よろしくお願いします。

――ホント、今日はありがとうございました。この書籍できたら送るから、買わないでいいからね。

石油王 あ、もうAmazonで予約注文しちゃいました。

――ぎゃふん。

おわりに

元来ヲタ気質で、ハマると夢中になってしまう性質とはいえ、この数年のめり込んだクラウドファンディングでまさか本を出版するとは思いもよりませんでした。自分は「人生は記念受験」が座右の銘でありまして、「死ぬまでにやっておきたいベスト100」のリストの中に「なんかしらで本を出版する」がリストインしていたので、こういう形で本を出版する機会に恵まれたことはドチャクソ嬉しいです。

ビジネス書のようで、サブカル本のようでもあり……というカテゴライズの難しい本書を手に取り、拙い文章にここまでお付き合い頂いた読者の皆様本当にありがとうございました。「コイツは何者なんだ？　何を作ってんだ？」と今回、初めて興味を持っていただいた方は、よかったら自分が関わったゲームや音楽を手に取ったり遊んだり聴いたり買ったり、買ったり（2度目）して頂ければ幸いです。一応こっちが本業なので。

この本を執筆するにあたっては、週刊プレイボーイ編集部の秋山さんと、エージェントの西田さんには大変！　壮絶に！　お世話になりました！　まさか集英社さんから本を出版できるとは思ってなかったので、こうしてあとがきを書いている今も「出版の話、実は嘘でーす！」と言われるのをビクつきながら、晴れて出版となったら、「あの！『鬼滅の刃』でおなじみの！　集英社さんから出版しまして！」とか今後吹聴していく所存です。

多忙の中、美麗なイラストを仕上げてくれたすめらぎ琥珀さん、そして挿絵を担当してくれた古くからの盟友である片倉真二の両氏も本当にありがとうございました。

あとめっちゃお礼を言わなきゃいけないのが、この本を執筆する序盤の際に、めちゃくちゃ協力をして頂いた小野真理子姐《ねえ》さん。アンタがいなきゃここまでの文章量にならんかったわ。ありがとうございましたァ!!

そして数々のプロジェクトを経験させてくれるに至ったプロジェクトオーナーの皆様と、そのプロジェクトを支援してくれた支援者の皆様。俺の悪巧みに付き合い、数々のプロジェクトを生み出すきっかけを与えてくれ、さらには支援をしてくれたファンの皆様、様々なむちゃぶりに応えてくれた奥村郁耶をはじめとするCAMPFIREのスタッフの皆様、急な帯コメント書いて！のオファーを快く引き受けてくれた家入一真社長にも最大の感謝を。

さらにふがいない社長であり、急なむちゃぶりを言いだす俺を支えてくれる弊社スタッフとOVERDRIVEに関わったすべての関係者の皆様、『MUSICUS!』開発スタッフの皆様、急逝しちゃった総務の姐さん、仕事にありえないほどの理解を示す妻とわが家の猫には感謝してもしきれないレベルであります。いつも本当にありがとう。

散々悪さして改心したラッパーのリリックみたいにお礼ばっかり書いてますが、

この本を執筆してあらためて色々な方に支えられてきたクラウドファンディング人生だったなぁと痛感しております。

さて、次は何を作るのに挑戦しようかな。

2021年8月　bamboo

bamboo

PROFILE

結成30周年を迎えるロックバンドmilktubのボーカルとして、数々のテレビアニメの主題歌などを担当。また、ゲームレーベルOVERDRIVEのプロデューサーとして、バンドや自らの体験をテーマにした『MUSICUS!』『キラ☆キラ』『グリーングリーン』など数々の作品を世に送り出した。近年はクラウドファンディングのキュレーターとして主にゲーム、音楽、声優などのカテゴリーのプロジェクトを担当している

執筆協力	小野真理子
	奥村郁耶（CAMPFIRE）
ブックデザイン	後藤正仁
表紙イラスト	すめらぎ琥珀
挿絵イラスト	片倉真二
編集	秋山雄裕

推《お》される技術《ぎじゅつ》

累計《るいけい》3億円集《おくえんあつ》めた男《おとこ》のクラウドファンディング冒険記《ぼうけんき》

2021年8月10日　第1刷発行

発行人　安藤拓朗
発行所　株式会社　集英社
〒101-8050　東京都千代田区一ツ橋2-5-10
電話　編集部　03-3230-6371
販売部　03-3230-6393（書店専用）
読者係　03-3230-6080
印刷所　凸版印刷株式会社
製本所　加藤製本株式会社

ISBN978-4-08-790048-4 C0095